Madagascar : l'histoire de la grande île

Emile Blanchard
Alfred Jacobs

Madagascar

L'histoire de la grande île

Editions Le Mono

Collection « *Les Pages de l'Histoire* »

Connaître le passé peut servir de guide au présent et à
l'avenir.

© Editions Le Mono, 2016

ISBN : 978-2-36659-227-6
EAN : 9782366592276

Première partie

L'île de Madagascar[1]

*Les tentatives de colonisation. — La nature du pays.
— Un récent voyage scientifique.*

Chapitre 1

Entre toutes les terres lointaines, Madagascar compte parmi les pays dont on s'est occupé en France avec une sorte de prédilection. Depuis déjà beaucoup plus de deux siècles, chacun entend affirmer que Madagascar est une possession française ; une telle assurance a éveillé l'attention et flatté l'orgueil national. La grande île africaine a du reste chaque jour davantage attiré les regards par suite de circonstances exceptionnelles. La position géographique étant jugée fort importante pour les navigateurs, et les ressources du sol vantées pour le commerce et la colonisation, l'espoir d'un accroissement d'influence politique ou d'une acquisition de richesses est devenu le mobile d'une foule d'entreprises. Les événements tragiques qui se sont succédé causant en Europe une vive émotion, les écrits se sont multipliés. La présence de populations d'origines très diverses, rapprochées ou mêlées sur un même point du globe, se trouvant reconnue, un nouvel élément a été fourni pour exciter l'intérêt qui s'attache à l'histoire de l'humanité. Des

---

[1] Par Emile Blanchard.

aspects étranges ou magnifiques de la végétation ayant été signalés, les esprits enclins à subir le charme des beautés de la nature ont suivi avec curiosité les narrations des voyageurs. Les plantes et les animaux du pays observés d'une manière scientifique ont amené comme une révélation cette vue du passé : Madagascar a été le centre d'une création spéciale ; la grande île n'est sans doute que le débris d'un continent, vaste peut-être comme l'Australie, qui à une époque ancienne du monde dominait sur l'Océan indien.

Tant de préoccupations ont encouragé des tentatives hardies, déterminé des recherches plus ou moins importantes, suscité de nombreux ouvrages. Néanmoins jusqu'à présent une faible partie de Madagascar avait été explorée. On s'abuse si l'on croit que des descriptions se rapportant à certains points circonscrits s'appliquent à l'île entière. Avec une intention calculée, des narrateurs, négligeant de préciser les limites du champ de leurs observations, ont permis à l'opinion de s'égarer. Aujourd'hui rien de semblable n'est à craindre ; des voyageurs dont les récits datent presque d'hier ont pris soin de constater que de vastes espaces de l'île n'ont jamais été visités par les Européens. En toute vérité, ils déclarent que la topographie et la constitution géologique n'ont pas encore eu d'investigateurs, que la vie végétale et animale, si remarquable sur cette terre, n'a point été l'objet d'études suffisantes. Seule la configuration des côtes est tracée d'une manière assez exacts ; c'est l'œuvre d'officiers des marines de France et d'Angleterre. Depuis un certain nombre d'années, la route de Tamatave à Tananarive, la capitale de l'île, a été souvent parcourue ; les étapes ont été indiquées sans être mesurées, et la position de Tananarive est restée quelque peu indécise. Pour tout le reste, des renseignements d'un caractère scientifique font défaut. Qu'un prisonnier ait traversé une partie considérable de l'île, que des aventuriers soient allés plus ou moins loin sur la Grande-Terre, ainsi que les Malgaches désignent leur patrie, peu importe, on n'a tiré aucun avantage de pareilles courses.

Jusqu'à nos jours, les indigènes avaient interdit aux Européens l'accès de l'intérieur du pays. En présence des obstacles, les plus entreprenants avaient été découragés. Le moment est arrivé néanmoins où les difficultés ont été vaincues ; — un de nos compatriotes, ferme dans son dessein, apportant à l'exécution d'un projet bien arrêté une persévérance inébranlable, mettant à profit des relations nouées avec adresse, est enfin parvenu à obtenir l'appui des uns et à déjouer la surveillance des autres. De 1868 à 1870, M. Alfred Grandidier a traversé l'île dans une partie de la longueur et sur plusieurs points dans toute la largeur. Dominé par l'unique ambition d'acquérir des connaissances nouvelles sur une région qui offre tous les genres d'intérêt, le voyageur n'a pas visité une localité sans faire les opérations astronomiques et géodésiques propres à fixer avec certitude la position géographique. Il a tracé la direction des cours d'eau, déterminé la hauteur des montagnes, étudié les reliefs du sol, décrit les aspects et la condition du pays. Pendant plus de deux années, trois fois chaque jour, il a noté la pression barométrique et observé le thermomètre de façon à s'assurer des températures extrêmes. Partout, dans ses excursions, il a recueilli les plantes et les animaux, et des découvertes ont permis d'élucider plusieurs questions relatives à l'histoire des êtres. Ne négligeant aucun moyen d'information ou de contrôle, il a porté dans l'étude des races qui occupent Madagascar un soin scrupuleux, et de nouvelles clartés se répandent maintenant sur tout ce que nous avions appris à l'égard des habitants de la Grande-Terre. En un mot, un voyage scientifique a été accompli, — voyage remarquable par l'habileté de l'exécution comme par l'importance des résultats obtenus. Instructives au plus haut degré, les explorations faites en vue de la science doivent par une pente naturelle servir des intérêts fort divers. C'est un motif assez puissant pour concevoir le désir de mettre tout le monde à même de les apprécier et de juger des avantages que procure l'esprit de recherche.

Un instant, au sujet de Madagascar, une seule pensée nous occupa : indiquer le progrès réalisé par les travaux de M. Grandidier. Ainsi restreinte, la tâche se montra difficile à remplir ; — une sorte de confusion demeurait souvent inévitable entre certaines notions, les unes anciennes, les autres récentes. Nulle part en effet on ne trouve une exposition de l'ensemble des connaissances acquises sur Madagascar ; les voyageurs à la fois instruits et consciencieux ont été rares. Dans plusieurs ouvrages, il est vrai, des observations d'une valeur incontestable ont été consignées, mais parfois l'intérêt est bien diminué, tant est vague la désignation des objets qu'on signale. Très ordinairement les auteurs se complaisent dans le récit d'incidents personnels et d'impressions de simples touristes : quelques coutumes, quelques singularités de la manière de vivre des indigènes, des fêtes, des cérémonies ont absorbé toute leur attention. Nous avons aussi des œuvres pour lesquelles il faut demander l'oubli, des relations pleines de descriptions imaginaires qui ont accrédité de graves erreurs. En 1840 parut un *Voyage à Madagascar et aux îles Comores* qui a été beaucoup lu et fréquemment consulté. Des peintures de l'intérieur de la grande île africaine attachaient autant par la vivacité du coloris que par la nouveauté du sujet. Le livre sembla désigné comme un guide précieux pour les explorateurs. Ainsi le méfait devait être reconnu ; ceux qui lurent les pages trompeuses en présence de la nature dont ils croyaient posséder le tableau fidèle frémirent d'indignation, — le peintre ne s'était jamais écarté de la côte orientale de plus de quelques kilomètres. Avec des renseignements, la plupart du temps fort inexacts, qu'on obtient des indigènes et un peu d'imagination, on passe aisément aux yeux des gens crédules pour un homme intrépide. Toute défiance est nécessaire et légitime à l'égard des voyageurs qui, sans avoir rapporté des observations précises ou des collections de plantes et d'animaux, — témoignages toujours irrécusables, — déclarent avoir visité des régions avant eux inconnues. Les auteurs qui ont composé l'histoire des événements survenus dans l'île de Madagascar à l'aide des documents administratifs n'ont pas même songé à la nature et aux ressources de la contrée dont on a tant de fois rêvé l'exploitation. Les objets d'histoire naturelle, documents d'un prix inestimable parce que seuls ils font vraiment connaître le pays, n'ont pas encore été utilisés pour l'instruction de tout le monde. Recueillis en grand nombre et placés dans les musées, décrits ou mentionnés dans des mémoires spéciaux, ce sont jusqu'ici des sujets d'information emprisonnés dans un étroit domaine. Tout ainsi démontre combien il est indispensable, avant de signaler les résultats d'un voyage récent, de dire ce que chaque époque a fourni et de grouper en un faisceau les notions éparses que nous possédons sur la grande île africaine.

I

A l'entrée de l'Océan indien, du 11° degré 57' au 25° degré 34' de latitude australe, s'étend l'île de Madagascar. Séparée du continent africain par le canal de Mozambique, qui dans l'endroit le plus resserré a une largeur de près de 400 kilomètres, la Grande-Terre, comprise entre 41° 20' et 48° 10' de longitude orientale, offre une superficie plus considérable que celle de la France. De la pointe nord, le cap d'Ambre, à l'extrémité sud, le cap de Sainte-Marie, elle a une longueur d'environ 155 myriamètres ; très étroite dans la partie du nord, elle atteint vers la partie du centre une largeur qui surpasse le tiers de la longueur. Présentant une ligne presque droite du côté oriental, elle est au contraire fortement découpée du côté occidental. Beaucoup d'auteurs admettent que l'île est partagée en dix-neuf provinces ; selon les missionnaires anglais, on doit en compter vingt-deux. Il est facile de varier à cet égard ; les Malgaches ne paraissent pas avoir encore bien fixé les bornes des souverainetés. Sans trop s'inquiéter de la limite tracée par la rivière ou par la montagne, le chef ou roi d'une province agrandit volontiers son domaine, s'il en a la possibilité. A leur tour, des chefs de district exercent une autorité plus ou moins indépendante. Il ne faut donc pas croire à des circonscriptions intérieures déterminées comme dans les états pourvus d'une vaste administration.

Tous les livres de géographie le répètent : l'existence de l'île de Madagascar fut pour la première fois annoncée à l'Europe en 1506. Par un hasard dû à la tempête, une flotte portugaise, sous la conduite de Fernan Suarez, se trouva portée sur la côte de cette terre encore inconnue. Le navigateur cita le pays comme « ayant une grande étendue et une population nombreuse, de mœurs douces, à qui n'avait jamais été prêchée la foi du Christ. » D'après une autre version, c'est Laurent d'Almeida qui en fit la découverte en se rendant aux Indes orientales. La Grande-Terre fut appelée l'île de Saint-Laurent, *Isla de San-Lorenço*, en mémoire de l'heureux amiral, disent les uns, en l'honneur du saint que l'église fêtait le jour de la rencontre, affirment les autres. Des navigateurs portugais, le célèbre Tristao da Cunha en particulier, vinrent bientôt reconnaître la configuration de cette terre et examiner quelque peu la nature de la contrée ; on dessina d'une façon assez grossière les contours de l'île, et la carte dressée par Boamaro resta en usage jusqu'à la fin du XVIIe siècle. Des descriptions pompeuses du pays enflammèrent les esprits ; on rêva de mines d'or et d'argent. C'était assez pour encourager les aventures ; mais les résultats ne répondirent point aux espérances, et les Portugais se contentèrent de la traite des esclaves. Des missionnaires de la même nation avaient cru trouver un champ favorable pour opérer des conversions et civiliser un peuple barbare ; ils se firent égorger. En 1548, les Portugais s'étaient établis sur la côte méridionale, au fond de l'anse de Ranoufoutsy, nommée par les Européens l'anse aux Galions. Ils avaient élevé une maison de pierre sur l'îlot de Trangvate, que les Français appelèrent longtemps *l'Ilot des Portugais.* Un siècle plus tard, les murailles encore debout demeuraient les témoins d'une tentative malheureuse. Suivant une tradition, les grands du pays d'Anosse avaient persuadé au chef de la colonie de fêter en commun l'achèvement de l'habitation ; d'après une autre version, la réjouissance aurait été convenue pour célébrer une victoire des Portugais, aidés des indigènes, contre d'autres Portugais installés en un lieu voisin. Quoi qu'il en soit, au jour prescrit, les chefs malgaches viennent accompagnés de quelques centaines d'hommes portant quantité de vin de miel. Au milieu des épanchements, le commandant européen est prié de montrer ses richesses. Les coffres ouverts, des étoffes et des objets de toute sorte sont étalés, de l'or recueilli dans le pays par les pères jésuites, qui n'étaient pas tout à fait insensibles aux biens terrestres, est exposé. Devant de pareils trésors, les yeux des Malgaches s'illuminent ; la convoitise n'a plus de bornes, le moment est propice pour un exploit, car les Portugais sont sous l'influence des libations. Au signal donné par les chefs, les indigènes se précipitent sur les étrangers et les massacrent. Cinq de ces derniers seulement échappent au carnage, et avec une trentaine de nègres fidèles ils gardent la maison de pierre, entreprennent des courses dans l'intérieur et brûlent les villages pour venger les compatriotes assassinés. Un navire qui vint dans l'anse aux Galions les emmena, et, à partir de cette époque, les Portugais cessèrent à peu près de s'occuper de Madagascar.

La maison de pierre était vide depuis soixante ans, lorsqu'un navire de Lisbonne entra dans la petite baie de Ranoufoutsy. Le capitaine avait imaginé un moyen de civiliser les Malgaches : il enlève le fils du roi de la province et le conduit à Goa. Confié aux jésuites, le jeune homme reçut une certaine instruction et fut baptisé ; désormais il s'appellera dom André. Après trois ans de séjour à Goa, deux jésuites le ramènent à son père. Pensant avoir dans le néophyte un précieux auxiliaire, ils s'établirent avec quelques compagnons dans l'ancienne habitation portugaise, pour aller aux environs prêcher l'Évangile. La déception fut cruelle ; — à peine de retour en son pays, dom André, quittant les vêtements européens, profita de ses connaissances acquises pour mieux frapper les étrangers : c'est lui qui bientôt dirigera les massacres et se fera tuer dans une rencontre avec les Français.

Des aventuriers de diverses nations s'étaient répandus sur plusieurs points du littoral de Madagascar sans beaucoup de succès. En France, on songea sérieusement aux avantages que pouvait procurer la grande île africaine ; Richelieu vivait encore, le puissant cardinal s'émut à l'idée de fonder un solide établissement sur la route de l'Inde. Au mois de juin 1642, une compagnie dite *Société de l'Orient* reçut « la concession de l'île de Madagascar pour y ériger colonies et commerce et en prendre possession au nom de sa majesté très chrétienne avec le droit exclusif de commerce pendant dix années. » Deux agents de la compagnie partirent aussitôt avec douze personnes et furent rejoints à l'arrivée par un renfort de soixante-dix hommes. Sainte-Luce avait été choisie pour le débarquement ; à la fin de 1643, Pronis déclarait au nom du roi prendre possession de l'île Sainte-Marie et de la baie d'Antongil, et mettait des postes à Fénérive et à Mananara ; on voulait occuper divers points de la côte orientale. Les Français étaient venus dans la saison pluvieuse ; beaucoup d'entre eux succombèrent aux atteintes de la fièvre. Le gouverneur résolut de transporter la colonie sur la presqu'île de Tholangare, qui semblait offrir de meilleures conditions que Sainte-Luce ; il éleva un fort qu'on agrandit par la suite, le fort Dauphin, dont le nom éveille encore le souvenir de notre ancienne occupation.

Bien triste est le spectacle de la colonie naissante ; le désordre est partout, loin de s'adonner au travail, les hommes ne songent qu'à mener joyeuse vie ; sans souci d'inévitables représailles, ils se comportent souvent d'une manière indigne avec les habitants. Le chef lui-même, Pronis, tout entier au plaisir, dissipe les approvisionnements. Les colons se révoltent contre ce misérable gouverneur et le tiennent prisonnier pendant six mois. Délivré et raffermi par un nouveau contingent envoyé de France, Pronis reprend l'autorité ; la sédition éclate de nouveau, mais cette fois le chef, agissant en maître, fait transporter douze des plus insoumis à la grande Mascareigne, que bientôt on appellera l'île Bourbon ; vingt-deux autres s'échappent, et courent chercher l'indépendance à la baie de Saint-Augustin. La *Société de l'Orient*, informée de l'état des affaires, comprit la nécessité d'y porter remède. Le 4 décembre 1648, Estienne de Flacourt, l'un des directeurs de la compagnie, venait avec le titre de commandant général de l'île de Madagascar remplacer l'inepte Pronis. Homme énergique, éclairé, enclin à l'observation, Flacourt paraissait devoir être le fondateur de la colonie. Plein d'espoir au début, comptant sur des secours réguliers qui lui avaient été promis, il rappelle les exilés et les fugitifs, et se prépare avec conscience à donner une base solide au nouvel établissement. Par malheur, en ce moment la France ne songeait plus aux pays lointains ; — elle était tout entière occupée des actes de la reine-régente et du cardinal Mazarin, des remontrances du parlement, des intrigues des princes et du coadjuteur, des audaces de Mme de Longueville. Pendant sept années, les colons de Madagascar n'eurent aucune nouvelle de la patrie ; découragés par l'abandon, décimés par la maladie, épuisés par les fatigues et les privations, les Français se voyaient chaque jour plus exposés à l'hostilité des indigènes. Dans cette pénible situation, Flacourt néanmoins demeure sans faiblesse ; par des reconnaissances le long des côtes et jusqu'à une certaine distance dans l'intérieur du pays, il se met en mesure de donner pour la première fois des notions exactes sur la grande île africaine.

Il est curieux et instructif de retourner à plus de deux siècles en arrière pour voir de quelle façon un observateur décrivait alors la contrée qui nous apparaît aujourd'hui avec un caractère tout particulier ; c'est un point de départ qui permet d'apprécier le rôle de la science moderne. L'*Histoire de la grande isle Madagascar, par le sieur de Flacourt*, a paru en 1658. L'auteur, on le sent à chaque page, est animé par le désir de donner torts les renseignements capables d'éclairer ceux qui voudront travailler pour l'avenir de la colonie. Une explication de plusieurs titres et la signification de certains termes en usage parmi les Malgaches rendront désormais plus faciles les rapports des Européens avec les indigènes. L'aspect et les ressources du pays sont indiqués à grands traits ; en présence d'une nature étrange qui plus tard fera l'admiration des naturalistes, Flacourt n'a été nullement frappé ; il parle de Madagascar exactement comme il parlerait d'une province de la France. L'île est remplie de montagnes couvertes de bois, elle a de bons pâturages, des campagnes arrosées de rivières, des étangs poissonneux ; elle nourrit un nombre considérable de bœufs ayant tous sur le dos une bosse ou plutôt une sorte de loupe graisseuse, des moutons à grosse queue, des cabris, des pintades. De bons fermiers ne sauraient demander davantage. Ce que rapporte notre auteur au sujet de la nature des habitants de Madagascar soulève une question intéressante, et laisse l'esprit dans une singulière indécision : l'île est partagée en plusieurs régions occupées par des peuples de même langage, mais de couleur différente. Flacourt s'étonne peu et ne se préoccupe guère de cet assemblage, qui révèle des invasions successives, peut-être des conquêtes ayant amené la domination des uns, l'asservissement des autres. Parmi ces peuples, on n'a pu reconnaître aucune religion ; mais chez ceux de la bande du sud on a découvert des superstitions provenant du mahométisme, et vers la bande du nord quelques coutumes du judaïsme. C'est la preuve que les Orientaux connaissaient Madagascar bien longtemps avant les Européens ; on croit en effet pouvoir fixer au. VIIe siècle l'époque où des Maures et des Arabes s'établirent sur la grande île.

Les provinces de la côte orientale jusqu'à la baie d'Antongil et les territoires de la partie méridionale, en remontant à l'ouest jusqu'à la baie de Saint-Augustin, sont énumérés par notre historien. Flacourt décrira « tous les pays qui ont été découverts par les Français en plusieurs voyages qu'ils ont faits, tant en guerre qu'en traite et marchandise. « Il est bon pour notre instruction de suivre d'une manière rapide nos compatriotes du XVIIe siècle dans leurs pérégrinations ; nous jugerons mieux ensuite du progrès réalisé par de nouveaux explorateurs, et nous pourrons plus aisément apprécier les changements survenus dans la condition de certaines parties de la Grande-Terre. On part du fort Dauphin, traversant le pays des Antanosses et marchant sur le littoral toujours dans la direction du nord. A trois lieues de l'établissement français se trouve la rivière de Fantsaïra, si large à son embouchure et d'une telle profondeur qu'elle donnerait accès aux navires, si l'on faisait quelques travaux propres à empêcher les obstructions. Sur les bords du fleuve et de plusieurs autres cours d'eau s'élèvent les villages et les hameaux des premiers personnages de la contrée ; les Européens qui se sont établis à Madagascar depuis le commencement du XVIe siècle sont disséminés dans cette région. Le pays, environné de hautes montagnes, rempli de petites collines et de prairies fertiles, est très agréable. La population est fort mélangée, les classes sont nombreuses ; les principaux personnages sont les Rohandrians, dont on parle dans toutes les histoires concernant Madagascar, c'est-à-dire les nobles, qui ont une origine asiatique : parmi eux, on choisit les rois. Viennent ensuite les fils d'un noble et d'une femme noire ou métis, puis les nègres, qui se partagent en quatre groupes distincts. Les privilégiés fournissent des chefs dans les localités où il n'existe pas de nobles, et ils se regardent comme les descendants des premiers maîtres du pays. En continuant le chemin, on rencontre une anse qui reçoit les eaux de la rivière Itapérine, un assez bon mouillage, si l'entrée n'était trop bien défendue par des roches. Dans une autre crique, on remarque, à l'embouchure de la Manafiafa, l'îlot Sainte-Luce, dont s'était emparée la première expédition française abordant à Madagascar. Le choix était motivé par la sûreté d'une station isolée, par un excellent mouillage, par un fleuve navigable pour des chaloupes. Après avoir traversé plusieurs cours d'eau encombrés de roches, on atteint, sous le tropique du capricorne, les bords de la Manantena, une large rivière pleine d'écueils, qui descend, assure-t-on, des mêmes montagnes que la Fantsaïra et arrose la vallée d'Amboule. Ici, l'aspect des lieux charme les voyageurs les plus indifférents : de vastes étangs et de petites îles réjouissent la vue, la terre est fertile, les ignames croissent à profusion et prospèrent à merveille, les pâturages nourrissent de magnifiques troupeaux. Dans cette heureuse vallée, l'industrie a sa part ; on fabrique de l'huile de sésame, et, le minerai de fer se trouvant en abondance dans le voisinage, c'est là que se forgent les plus belles sagaies. Une source d'eau chaude fort remarquée jaillit tout près du grand village d'Amboule, à quelques mètres d'une petite rivière ; l'eau courante est froide et le sable du fond si chaud qu'on ne saurait y tenir les pieds. Aux yeux des étrangers comme des indigènes, une pareille source doit nécessairement avoir la propriété de guérir une foule de maladies. A l'époque des excursions de nos Français, le pays est gouverné par un noir qui est le plus ancien parmi les grands de la vallée. En passant, Flacourt, notre guide, désigne le côté de l'ouest et nous dit : Parmi les Malgaches, les habitants de cette région sont les plus hardis et les plus vaillans. En continuant vers le nord, on arrive sur un territoire très diversement nommé (*Vangaidrano* des voyageurs modernes), compris entre les rivières Manantena et Menanara. Très près de la côte, le pays, étant montagneux, se voit en mer à grande distance ; aussi les navires mal assurés de leur route venaient dans cette direction reconnaître la terre pour cingler ensuite au sud et atteindre le fort Dauphin. La contrée est riche en bétail et en partie couverte de champs de cannes à sucre et d'ignames ; elle a de nombreux cours d'eau, mais la plupart ne portent pas même des pirogues. Tous les habitants sont des nègres ayant une épaisse chevelure frisée : larrons et voleurs, ils enlèvent les enfants et les esclaves de leurs voisins pour les vendre au loin ; ils fabriquent du fer, forgent des armes et des outils, façonnent des pagnes avec les fibres d'une écorce. Des Français avaient entrepris des courses dans l'intérieur et donné quelques indications : on citait la grande vallée d'Itomampo, remarquable par une telle extension de la culture qu'on ne s'approvisionnait de bois qu'en allant le chercher sur les hautes montagnes, on parlait encore de localités plus éloignées dont la position géographique demeure pour nous fort incertaine. Sans nous en occuper davantage, nous suivons les pas de ceux qui s'acheminent vers la baie d'Antongil. Après avoir franchi la Menanara, ils se trouvent chez les Matitanes (Anteimoures sur les cartes modernes). Le pays qui s'étend jusqu'aux bords du Mananzarine est plat, sillonné de rivières et de ruisseaux, très fertile ; de vastes prairies assurent la prospérité de nombreux troupeaux ; les ignames, le riz, les cannes à sucre, fournissent amplement à la nourriture des habitants. Sur certains points, les cannes à sucre sont en si grande abondance qu'on s'étonne. « Avec des engins et des hommes, s'écrie notre ancien historien de Madagascar, on fabriquerait chaque année du sucre en quantité suffisante pour le chargement de plusieurs navires. » Les principaux personnages du pays des

Matitanes sont les descendants d'Arabes venus de la Mer-Rouge, — la preuve n'est pas douteuse ; ils écrivent en caractères arabes. Ces gens-là tiennent école dans les villages ; pleins de superstitions, ils exploitent les superstitions plus grossières ou plus naïves des nègres en vendant à ces pauvres idiots des papiers chargés d'écriture qui doivent procurer une infinité d'avantages et préserver de tous les malheurs. Les *ombiasses*, ainsi qu'on les nomme, tout à la fois prêtres, médecins, magiciens, se montrent fort habiles à entretenir le culte des petits talismans ou des amulettes qu'on porte au cou, dans des ceintures ou d'une autre façon : les *olis*, dont parlent avec complaisance presque tous les voyageurs qui ont visité la grande île africaine.

Sans perdre la trace de nos premiers explorateurs marchant sur le littoral, on traverse successivement divers cours d'eau ; les plus importants sont le Mananzarine et le Mahanourou, qui limitent le pays des Antavares. Le Mananzarine, est une large et belle rivière navigable pour des barques. Des Français, séduits par la fertilité du sol, s'étaient établis autrefois sur les bords du fleuve ; ils avaient été massacrés. De l'or en poudre avait été vu entre les mains des indigènes, et le chef de notre colonie ne manque pas d'insister sur cette circonstance. Toute la côte, depuis le Mahanourou jusqu'au fond de la baie d'Antongil, est parcourue sans donner lieu à beaucoup d'observations. On remarque cependant le port de Tamatave, qui dans le siècle actuel est devenu le principal port de l'île. Les habitants de la contrée sont favorablement appréciés par nos compatriotes ; ils sont bons, dit Flacourt, se montrent très soigneux de cultiver la terre, allant au travail dès le matin pour n'en revenir que le soir. La manière dont ces cultivateurs naïfs préparent le sol et sèment le riz est vraiment simple et curieuse. Des bois de bambous sont livrés aux flammes ; les tiges creuses et garnies de nœuds, étant fortement chauffées, éclatent avec fracas ; le vacarme est incroyable même à grande distance. Les bambous consumés, la terre disparaît sous une couche de cendre ; bientôt détrempée par la pluie, la cendre pénètre dans le sol et fournit les sels nécessaires à la végétation, bien à l'insu des Malgaches. Le moment est venu d'ensemencer ; les femmes et les filles du village se rendent sur la plantation marchant de front, un bâton pointu à la main. Sans se baisser, elles font un trou avec la pointe de l'instrument, jettent d'eux grains de riz, et du pied recouvrent la semence et nivellent le terrain. Les travailleuses agissant avec une parfaite simultanéité et en dansant, l'opération s'exécute avec une étonnante rapidité. Les habitants dès environs de Tamatave ont quelques croyances qui paraissent provenir du judaïsme ou du mahométisme : ils font des sacrifices d'animaux ; comme dans les autres parties de l'île, le privilège d'immoler les victimes appartient aux nobles.

A quelques lieues au nord de Tamatave, un petit cap, Foule-pointe, est l'objet de l'attention de nos premiers explorateurs : les roches qui s'avancent dans la mer forment un abri pour les vaisseaux. En remontant la côte, on arrive bientôt devant une belle rivière accessible à des barques, c'est le Manangourou ; les plus indifférents contemplent la scène : les rives sont parsemées de blocs de quartz ; l'effet est saisissant. Un peu plus loin se dessine la grande découpure de la côte orientale de Madagascar : la baie d'Antongil, ainsi appelée du nom du capitaine portugais Antomoi Gillo, qui en fit la découverte. La vaste baie devait attirer les navigateurs et les colons. Tout au fond, l'îlot de Manhabé, « fertile au possible en toute sorte de vivres, » dit Flacourt, offrait des ressources multiples. Avant l'arrivée des Français, les Hollandais, qui venaient acheter des esclaves et du riz, avaient laissé une douzaine d'entre eux : sur cet îlot ; les uns étaient morts de la fièvre, les autres s'étaient fait tuer pour avoir montré trop d'insolence envers les gens du pays. Au temps de Flacourt, les Français n'avaient effectué aucune reconnaissance dans le nord de Madagascar, c'est-à-dire de la baie d'Antongil au cap d'Ambre.

Nos anciens colons apprécièrent tout de suite les avantages d'une île voisine de la côte, située au sud de la grande baie : Nossi-Bourah ou Nossi-Ibrahim des indigènes, Sainte-Marie des Français. La facilité de se garantir contre les attaques des Malgaches, la proximité de la Grande-Terre, un bon mouillage, des moyens d'existence de tout genre, invitaient à prendre possession de l'île. La description de Sainte-Marie est tracée par notre historien avec une sorte d'enthousiasme. Des collines et de nombreuses petites rivières rendent le pays plein d'agrément, les pâturages, sont magnifiques, le riz est partout cultivé, les cannes à sucre, les bananes, les ananas, abondent ; le tabac, importé par les Français, pousse à merveille et acquiert d'excellentes qualités ; il y a dans les bois des gommes et des résines dont les indigènes font des parfums, sur le rivage de L'ambre gris qu'on brûle pendant les sacrifices ! , dans les récifs se voient les plus beaux rochers de corail blanc où les nègres vont chercher des coquillages qu'ils vendent aux Européens. Tous les habitants primitifs de l'île, gouvernés par un chef suprême, prétendaient descendre de la race d'Abraham.

Les Français avaient contourné en partie la côte méridionale de Madagascar, et soit par mer, soit en traversant le pays, ils avaient visité dans le sud-ouest les Mahafales et fréquenté l'embouchure de : la rivière Anhoulahine, que les Européens nomment la baie de Saint-Augustin. Lorsque des bords de cette rivière de Fantsaïra, voisine du fort Dauphin, qu'on a passé en allant explorer la côte orientale ; on se dirige vers le sud-ouest, le pays a l'aspect le plus triste ; il faut marcher pendant plusieurs heures sur une plage sablonneuse pour atteindre un petit cap, et, un peu plus loin, l'anse de Ranoufoutsy, autrefois célèbre par le séjour des Portugais. La province d'Anossi, ou le territoire des Antanosses, est limitée à l'ouest par le Mandreré, une rivière rapide comme un torrent et presque toujours obstruée à son embouchure. Sur le parcours, les Français voyaient une contrée belle et pourtant à peu près inhabitée ; elle servait de repaire à des bœufs et à d'autres animaux échappés à la domesticité. Plusieurs seigneurs des pays circonvoisins prétendaient être les maîtres de cette solitude ; mais, la région ayant été souvent le théâtre de la guerre, personne n'osait s'y établir et cultiver. Au-delà du Mandreré, c'est le pays des Antandrouis (*Ampatres* pour Flacourt), une pauvre contrée où il n'existe aucune rivière et où les habitations sont rares. A une certaine distance de la côte, il y a des bois ; sous ces abris, les indigènes construisent des villages si bien entourés de pieux et d'arbres garnis d'épines, qu'il serait impossible de pénétrer dans la place autrement que par la porte. Chaque hameau a son chef, et la contrée est sous l'autorité d'un chef suprême. La guerre éclate fréquemment entre les habitants des divers villages, très enclins à voler les femmes des voisins ; ce sont des hommes, déclare Flacourt, toujours prêts à voler et à piller ; chez eux, les étrangers ne peuvent compter sur aucune hospitalité. On en citait des preuves à l'époque de notre premier essai de colonisation ; un grand navire s'étant échoué dans une baie, les naufragés, pourvus d'argent et de beaucoup d'objets capables d'exciter l'envie des sauvages, étaient tombés dans une foule d'embuscades en s'aventurant dans la campagne. Les Malgaches les tuaient pour s'emparer de ce qu'ils portaient. Dans une autre circonstance, un navire de la Hollande se perdit sur la même côte : un jeune homme seul échappa au désastre ; ayant atteint la grève fort affaibli, il manqua d'être égorgé par les naturels convoitant une carabine suspendue à son côté. Un meilleur sort cependant était réservé au pauvre Hollandais ; le chef du village voisin, arrivant, fit porter l'étranger dans son habitation, et le traita fort charitablement. Le roi des Antanosses, averti de l'événement, envoya prier le chef du village de lui céder l'Européen, en appuyant cette demande du don de treize bœufs. Le jeune homme n'eut point à se plaindre du changement ; il fut comblé, le roi lui donna une maison et une de ses filles pour lui tenir compagnie. Quelque temps après, un navire avec le pavillon de la république batave étant entré dans le port de Manafiafa, le Hollandais fut l'intermédiaire choisi pour les rapports que le prince malgache entretint avec le capitaine ; il en profita pour s'en aller avec ses compatriotes.

Les Français connaissaient d'une manière très imparfaite les sinuosités de la côte méridionale de Madagascar, — Flacourt ne cite en aucune façon le cap Sainte-Marie, — mais par terre ils avaient des relations avec des peuplades du sud que les voyageurs modernes n'ont jamais visitées. A une trentaine de lieues à l'ouest du Mandreré débouche une rivière profonde, le Manambourou, séparant du pays des Ampatres le territoire de Caremboule, qui s'étend jusqu'à la mer, une contrée sèche, aride, ayant néanmoins des pâturages, et où la culture du coton s'est très développée. Le pays des Mahafales, qui est très boisé, occupe l'extrémité sud-ouest de la Grande-Terre, limité au nord par la rivière Sacalit. Les Mahafales possédaient les plus beaux troupeaux qu'on pût voir dans l'île. Fort enrichis par les rapines exercées chez leurs voisins, n'ayant point de demeures fixes, ils ne cultivaient pas, se nourrissant simplement de viande, de lait, de racines arrachées dans la forêt, ils se contentaient de cabanes isolées, construites dans les bois selon les exigences du séjour des bestiaux. Les femmes fabriquaient des pagnes ou de coton ou de soie ou de fibres d'écorce de palmier. On assurait que dans cette région il existait quantité d'aigues-marines et d'améthystes de la nuance des fleurs du pêcher. Quelques peuplades voisines des Mahafales étaient encore distinguées par nos compatriotes. La rivière d'Anhoulahine, belle et large comme la Loire, dit notre historien, s'ouvre dans la baie appelée de Saint-Augustin depuis les reconnaissances des Portugais. C'est le point de la côte occidentale de Madagascar qui a toujours été particulièrement fréquenté par les navires européens. Des Anglais, au nombre d'environ quatre cents, débarquèrent en cet endroit peu de temps après l'installation des Français au fort Dauphin. Vraiment malheureux, ils quittèrent bientôt le pays; les indigènes refusaient de vendre des vivres à ces étrangers, les déclarant lâches, parce qu'ils ne voulaient pas les accompagner à la guerre contre leurs ennemis. Les Français, se plaisant dans les aventures périlleuses, se montraient mieux disposés ; avec des partis malgaches, ils avaient été guerroyer bien loin dans le nord, et se réjouissaient d'avoir eu bonne part d'un riche butin. Un objet de constante préoccupation pour les Européens était l'or, qu'on disait très répandu dans le bassin de l'Anhoulahine. Notre ancien historien de Madagascar s'occupe beaucoup des Machicores, un peuple qui possédait une vaste région traversée par la rivière Masikoura entre les Mahafales et les Ampatres (Antandrouis des cartes modernes). Ce pays, autrefois riche, était ruiné par les guerres ; les habitants, réfugiés dans les bois afin d'éviter les surprises, ne cultivant pas, vivaient de racines et de la chair de bœufs sauvages très nombreux dans la contrée. Des Français avaient encore fait des courses au nord de la baie de Saint-Augustin jusque vers le 19e degré de latitude ; ils ne fournirent que de vagues indications. Tous aimaient le climat des côtes de Madagascar : jamais de froid, seulement pendant quatre mois, de neuf heures du matin à trois heures de l'après-midi, de fortes chaleurs toujours tempérées par la brise de la mer ; les huit autres mois de l'année, un printemps perpétuel. Telle est la séduisante description qu'on nous a tracée.

II

Renseignés à l'égard de l'étendue de pays que nos compatriotes avaient explorée sur la Grande-Terre dès le milieu du XVIIe siècle, il convient de noter ce que Flacourt observa chez les habitants, de voir comment il jugea les ressources de la contrée qu'il s'agissait de coloniser, de rappeler les vues qu'il essaya de faire prévaloir. On s'apercevra que les voyageurs modernes n'ont pas toujours eu le mérite d'apprendre des choses bien nouvelles. Par une longue résidence au fort Dauphin, Flacourt, mis en rapports continuels avec les Antanosses, à particulièrement étudié les mœurs, les coutumes, le caractère de ce peuple, composé d'éléments fort divers. Rien ne semble avoir beaucoup changé dans la province d'Anossi, que bornent les rivières Manatena et Mandreré. A l'époque de la première tentative de colonisation française, le pays, sous l'autorité d'un roi, est gouverné par les nobles, les Zafferamini, originaires des bords de la Mer-Rouge. Dans une situation inférieure se trouvent les hommes de sang mêlé ; puis viennent des gens dont la peau est rougeâtre et qui ont les cheveux longs comme ceux des nobles : les descendants, assure-t-on, des matelots qui accompagnèrent les Zafferamini envahisseurs de l'île de Madagascar. Ces derniers vivent surtout de la pêche, et ils ont la mission spéciale de garder les cimetières des grands. Les noirs se partagent aussi en plusieurs classes ; les premiers d'entre eux, maîtres du pays avant l'invasion arabe, sont encore des chefs de village ; de même que les nobles, ils ont le droit d'égorger les animaux, étrange privilège interdit aux autres castes. L'esclavage est la condition de la foule des nègres.

Les jouissances du luxe sont incomprises des Malgaches, chacun ne se préoccupe que du nécessaire. Les maisons, même celles des nobles, sont de modestes cases en bois : une seule chambre garnie d'un plancher suffit pour toute la famille ; une couche de sable est le foyer, trois pierres sont les supports du vase contenant les mets qu'on fait cuire. La fumée se répand dans la chambre, et notre historien remarque « qu'il n'y a pas de plaisir d'être dans les cases quand il y a du feu. » L'ameublement est d'une extrême simplicité. Des nattes faites de joncs, tantôt communes, tantôt artistement travaillées, étendues sur le plancher, servent de sièges, de lits et de tables. Des paniers renferment les vêtements ou les marchandises ; des cruches de terre contiennent les huiles destinées à oindre le corps et la chevelure. Il y a une certaine quantité d'ustensiles de ménage : ce sont des vases de terre, des plats et des cuillers de bois, des calebasses pour puiser de l'eau, de grandes cruches pour la fabrication du vin de miel, des mortiers et des plats de bois pour battre et canner le riz, des couteaux de forme et de dimension très variées. Les nappes et les serviettes sont d'énormes feuilles de bananier ou de balisier (l'arbre du voyageur), d'un vert si beau et d'un brillant si joli que l'effet est vraiment agréable. Avec des morceaux dei feuilles pliées en cornet, on façonne encore des cuillers et des tasses ; de pareils ustensiles, on le pense bien, se renouvellent à chaque repas. Des magasins pour le riz sont élevés sur des piliers, afin de les soustraire à la visite des rongeurs.

Si les habitants de Madagascar s'inquiètent peu de l'élégance des habitations, ils ne dédaignent pas la parure du corps. Le vêtement des hommes est le pagne tenu par une ceinture, ou le *lamba*, qui se drape avec quelque grâce. Le costume des femmes se compose du pagne et d'un corsage sans manches. Les étoffes sont faites de soie ou de coton pour les gens de qualité, de fibre d'écorce ayant l'apparence du chanvre ou du lin pour les esclaves. Aux jours de cérémonie, des nobles portent un pagne de coton orné d'une large bordure de soie blanche rayée de noir et de lisières, les unes de coton noir, les autres de soie rouge. L'idée de la chaussure n'est venue à personne ; les plus grands personnages et les princesses ne craignent pas d'exposer leurs pieds aux aspérités du chemin. Une coiffure n'est en usage que dans peu de districts : hommes et femmes ne se distinguent en aucune façon par l'arrangement des cheveux ; les nobles les laissent pendre longs et droits, les couvrent d'huile et les raidissent avec de la cire, les nègres les tressent avec un certain soin. Comme chez la plupart des peuples primitifs, les hommes aussi bien que les femmes aiment les ornements. « Sans colliers et verroteries, ces gens-là, disait Flacourt, ont mauvaise grâce ; mais, lorsqu'ils sont parés à leurs modes, ils ont assez bonne façon. » Colliers à plusieurs tours, bracelets aux poignets, aux bras, aux jambes, sont faits de grains d'or, de cuivre, de cristal de roche, et souvent, depuis l'arrivée des Européens, de corail et de verroteries ; les pendants d'oreilles sont en bois, en corne, quelquefois en or. On a remarqué des parures qui témoignent d'un goût assez raffiné : des lames minces du métal précieux appliquées sur des morceaux de coquille nacrée. Les objets en or ne sont permis qu'aux grands personnages.

Ainsi qu'on a déjà pu s'en convaincre par les observations qui ont été l'apportées, les habitants de Madagascar profitent beaucoup des abondantes ressources naturelles du pays. Les racines, les fruits, le miel, qu'on se procure dans une infinité d'endroits, permettent à la rigueur de vivre sans travailler. Chez des peuples où l'on évite même de se promener parce que c'est une fatigue inutile, l'agriculture et l'industrie n'ont pas pris de grands développements. Il est toujours intéressant de voir dans quelles limites se renferment les efforts d'hommes qui songent simplement à satisfaire des besoins à peu près indispensables sans jamais rêver aucun progrès. L'agriculture est toute primitive à Madagascar ; le labour est inconnu ; une petite bêche pour remuer la terre, une serpe pour tailler les mauvaises herbes, sont les seuls instruments en usage. En général, le riz se plante grain à grain et se récolte épi par épi. Les Antanosses se montrent assez ingénieux ; ils poussent des bœufs dans les marécages et les retiennent longtemps à trépigner. Les herbes ainsi broyées se pourrissent ; alors on sème, et le riz devient magnifique. S'agit-il des ignames, dont on distingue plusieurs espèces, les grosses racines sont coupées par morceaux, et on plante chaque fragment. Il n'y a point de terre dans l'île, cultivée ou inculte, qui n'ait son maître : on s'abuse en croyant qu'on peut choisir un champ à sa convenance ; les grands ne permettent jamais à personne de s'approprier le moindre coin de terre sans l'avoir demandé de bonne grâce.

Les Zafferamini fournissent d'adroits charpentiers ; ils se servent de la règle, du rabot, du ciseau ; n'ayant nulle idée de la vrille ou du vilebrequin, ils font les trous avec des poinçons rougis au feu. Dans la plupart des provinces, les Malgaches fondent le minerai de fer à l'aide des plus simples procédés ; ils forgent des haches, des marteaux, des enclumes, des couteaux, des sagaies, des pinces, des crochets. Des orfèvres façonnent des grains, des boucles, des anneaux d'or, d'argent et de cuivre. L'art du potier est pratiqué, au moins chez les Antanosses, également par des hommes et des femmes ; avec de l'argile, ils fabriquent des vases et des plats qu'ils cuisent sur un feu de broussailles ; ces objets frottés ensuite avec une terre noirâtre deviennent clairs et luisants comme s'ils avaient reçu une couche de vernis. Certains individus sont habiles à faire des ustensiles de bois ; quelques-uns emploient le tour. En ce pays, on fabrique des cordes de toute grosseur avec les fibres de différentes écorces ; les palmiers constituent une ressource inépuisable. Les femmes sont en possession exclusive de l'industrie des vêtements : elles filent et soumettent à la teinture la matière première, obtenant le rouge de la décoction d'une racine, le bleu et le noir de l'indigo ; elles tissent les étoffes et confectionnent les pagnes. Aux fameux *ombiasses*, qui vendent les talismans, appartient l'art de fabriquer du papier, de l'encre et des plumes ; eux seuls sont capables de s'en servir. La préparation du papier est assez curieuse. Des écorces douces sont choisies et jetées avec de la cendre dans un grand vase rempli d'eau. On les laisse bouillir pendant une journée ; après cette première opération, l'écorce est lavée à l'eau claire et broyée dans un mortier de bois ; alors, dans un châssis formé de petits roseaux, la pâte un peu délayée est étendue en couche mince sur une feuille de balisier légèrement huilée. Séché au soleil, le papier, toujours un peu jaunâtre, est passé dans une eau de riz bien mucilagineuse, enfin chaque feuille convenablement lissée est rendue propre à recevoir l'écriture. L'encre s'obtient par la décoction d'un bois très commun dans la province d'Anossi ; les plumes ne sont autre chose que des tiges de bambou parfaitement taillées.

Outre les gens qui travaillent à la terre ou qui exercent un art, il y a les pêcheurs et les chasseurs. Les premiers, très nombreux dans certaines localités, font eux-mêmes les filets et des nasses de joncs ; ils emploient également des hameçons et des sagaies garnies de harpons. Ceux qui vont en mer, se portant à une lieue environ au large, prennent les petits poissons avec des nasses, les gros à la ligne ou à la sagaie. Ceux qui pêchent dans les rivières se servent de nasses ; mais ils font surtout usage de grands filets analogues aux énormes seines qu'on voit promener sur nos fleuves. Les pêcheurs vendent du poisson pour du riz, des ignames, du coton ; le poisson qui ne peut être ni vendu ni consommé tout de suite est séché ou fumé. La chasse n'est un plaisir pour personne parmi les Malgaches ; les nobles n'ont aucun goût pour les exercices du corps. Des nègres tendent des filets au milieu des broussailles et des taillis, où ils attrapent des pintades, des cailles, des perdrix, — au bord des rivières et des étangs, où ils prennent des canards et des poules d'eau. Ils s'emparent de petits oiseaux avec des appelants ou à la glu ; les jeunes garçons, on le pense, excellent dans ce genre de chasse. Les sangliers commettant d'affreux dégâts dans les plantations d'ignames, il est absolument nécessaire de les exterminer : les chasseurs les poursuivent avec des chiens ; lorsque l'animal est arrêté, on le tue à coups de sagaie. Les savants de Madagascar, les *ombiasses*, ne se contentent pas de la vente des *olis* ; ils vont voir les malades, font des pansements, préparent les remèdes, — des infusions d'herbes et des décoctions de racines. Enfin il y a les artistes : bouffons, musiciens, chanteurs, danseurs, courant le pays de village en village ; très bien accueillis par les grands, qui s'en amusent, ces gens-là sont néanmoins l'objet d'une sorte de mépris, — même chez les sauvages, la plus haute considération n'est pas attribuée à ceux dont le métier consiste à divertir les autres. Mieux vus de la société malgache sont les musiciens qui jouent d'un monocorde, le *herravou*, et récitent des sentences ou déclament les hauts faits des ancêtres. Les habitants de Madagascar, au moins les plus éclairés, comptent à peu près à la manière des Européens. S'agit-il de faire le dénombrement d'une armée, en présence des chefs les hommes doivent défiler par un étroit passage et chacun déposer une pierre à la même place ; ensuite on compte les pierres par dizaines et par centaines. Les poids servent dans quelques circonstances, et les mesures de capacité sont employées pour le riz. Tout le commerce se fait par échanges ; à l'époque de notre ancienne colonisation, l'usage de la monnaie est absolument inconnu dans le pays ; les pièces d'or et d'argent introduites par les étrangers sont aussitôt converties en objets de parure.

Flacourt a constaté l'absence de toute religion chez les Malgaches ; cependant les Zafferamini ont une croyance en Dieu, et par la tradition ils ont conservé des idées plus ou moins défigurées du mahométisme. Sans avoir ni temples, ni autels, ils demandent à l'Être suprême des richesses, des bœufs, des esclaves. La plupart des nobles observent le jeûne à certains moments de l'année ; ils comptent des jours heureux et des jours néfastes, où ils gardent le repos le plus complet. En prenant possession d'une nouvelle maison après avoir attendu le jour favorable, ils font une cérémonie ; parents et amis étant conviés, chacun, selon son rang ou sa fortune, amène des animaux, apporte des vivres, du vin de miel, des ustensiles, et tout finit par un immense festin, accompli suivant des formes réglées. Le respect des morts est poussé loin sur la Grande-Terre. Si le défunt appartient à la classe des nobles, les funérailles se font avec pompe ; les proches parents lavent le corps, le chargent d'ornements, le couvrent de ses plus beaux pagnes et l'enveloppent dans une belle natte. Durant la journée qui précède la mise au tombeau, parents, amis, sujets, esclaves, viennent pleurer dans la maison, des hommes frappent sur des tambours, des filles exécutent des danses graves. Ceux qui pleurent récitent les louanges du trépassé ; comme s'il était encore vivant, ils l'interpellent et lui demandent pourquoi il a voulu quitter le monde terrestre : au soir, on sacrifie des bœufs, et tous les assistants en reçoivent une portion. Le lendemain, le corps, enfermé dans un coffre fait de deux troncs évidés, est porté dans une maison du cimetière et mis en terre. Tout auprès on place des vases ou d'autres ustensiles, et, des bêtes étant immolées, on fait la part du défunt, de Dieu, du diable, qu'il est toujours bon de mettre dans ses intérêts. Pendant plusieurs jours, des esclaves se chargent de renouveler les provisions. Dans les situations difficiles, on vient réclamer le secours des esprits ; les serments les plus solennels se font sur l'âme des ancêtres. Les autres manières de jurer sont au reste beaucoup moins nobles. Quelquefois c'est en faisant des aspersions d'eau, plus souvent en mangeant un morceau de foie de taureau. Il est convenu que de terribles malheurs doivent être le partage de ceux qui manquent au serment accompli dans de telles conditions.

Des lois, une police, sont des choses dont on ne s'embarrasse guère dans la grande île africaine. La loi du seigneur suffit à tout ; le prince juge les différends qui surviennent à l'occasion de dégâts commis sur les terres ; il punît les voleurs par de fortes amendes ou par la mort. A l'égard des larrons, on peut du reste se passer de la justice souveraine ; il est parfaitement admis qu'il n'est pas plus mal de tuer un voleur qu'un scorpion ou un serpent venimeux ; en vérité, cette opinion témoigne d'un bon sentiment. Les gens soupçonnés de quelque méfait sont soumis à des épreuves semblables à celles qui étaient en usage en Europe au moyen âge : épreuves par le feu, par l'eau bouillante, par le poison ; l'analogie est surprenante. Toutes les pratiques de la vie, les réjouissances, la façon de construire les villes et les villages, la manière de faire la guerre, sont réglées par les coutumes.

Avant l'introduction des armes à feu, les Malgaches avaient pour arme principale la sagaie ; comme tous les sauvages, ils se battaient en pleine confusion, ne songeant jamais à conserver aucun ordre de combat. Dans ce beau pays de Madagascar, on se garde bien de faire une déclaration de guerre ; l'idéal est de surprendre l'ennemi à l'instant où il s'y attend le moins ; on marche la nuit, on fait de longs détours, afin de ne pas éveiller l'attention, on expédie des espions. Quand l'armée est sur le terrain, elle entoure le village en poussant des cris furieux ; si elle réussit à pénétrer dans l'intérieur, tout ce qui se trouve sur le passage est impitoyablement massacré. Le carnage accompli, on recherche les parents du chef, et ou les met à mort ; c'est le moyen jugé nécessaire pour n'avoir pas à craindre les vengeances. Les vainqueurs se livrent ensuite au pillage, et emmènent les troupeaux et les esclaves. Lorsque dans un conflit engagé un des partis se reconnaît le plus faible, il envoie des ambassadeurs au chef ennemi avec quelques présents pour demander la paix. Au jour convenu, les chefs, suivis de l'armée, se rencontrent ; dans les deux camps, on tue un taureau ; de part et d'autre, un morceau du foie est envoyé, le chef le mange ostensiblement en faisant d'énergiques protestations de ne plus jamais nuire à ceux qu'il a combattus. Les armes varient un peu suivant les provinces ; les Antanosses portent, avec la grande sagaie, un paquet de dards qu'ils lancent comme des javelots ; les Mahafales, les Machicores, d'autres encore, toujours pourvus d'une grosse sagaie, sont munis en outre d'une rondache. Dans la vallée du Mangouron, une peuplade très redoutée combattait avec l'arc et les flèches.

Autrefois, de même qu'aujourd'hui, les Européens appréciaient médiocrement la préparation des mets et la façon de prendre les repas chez les Malgaches ; — un goût peu délicat et une propreté douteuse inspiraient des répugnances. Les aliments sont variés ; où l'abondance existe, il y a le bœuf, le mouton, le chevreau, les tenrecs, — animaux de la famille des hérissons, — des oiseaux domestiques ou sauvages, des poissons, le riz, diverses sortes d'ignames, des légumineuses comme des pois et des fèves, des fruits d'une infinité d'espèces, des cannes à sucre ; en quelques endroits s'ajoutent des chrysalides de bombyx. Dans les temps de misère, les racines qu'on va chercher dans les bois, ou recueillir dans les eaux, assurent contre la famine. Tout se cuit à l'eau ; on assaisonne les viandes avec du gingembre, du poivre ou des feuilles d'ail. La boisson ordinaire est de l'eau chaude et du bouillon ; le vin de miel ne paraît guère que dans les circonstances extraordinaires. Au pays des Matitanes et dans la bande du nord, le vin de canne à sucre est surtout en usage ; ailleurs c'est le mélange des deux sortes de vin qui est préféré. Dans la province d'Anossi, jamais les nobles ne mangent avec les esclaves ; ceux-ci consomment les restes. Au contraire chez les peuplades plus voisines de la baie d'Antongil, les maîtres, aussi bien que les femmes, prennent les repas en commun avec tous les gens attachés à l'habitation.

Dans toutes les conditions sociales, les hommes, plus encore les femmes, éprouvent le besoin de se divertir et d'oublier les sujets de préoccupation ordinaire ; des distractions du même genre se retrouvent sur tous les points du globe. A Madagascar, un jeu d'adresse très prisé rappelle celui qui fait passer le temps à nos vieux soldats. Contre de grosses coquilles disposées par rangées, on lance une autre coquille en la faisant pirouetter. Ce divertissement a beaucoup d'attrait ; on y gagne et l'on y perd des bœufs. Un autre jeu offre quelque analogie avec le trictrac : il a pour instruments des fruits ronds et une tablette percée de trente-deux trous ; les gens qui aiment à combiner s'en amusent extrêmement, et nos Français n'en dédaignaient point la pratique. Pour les réjouissances d'une nombreuse société, les chansons, les danses, la musique, sont inévitables. Par exemple, les instruments sont fort simples : un petit monocorde sans archet est la guitare des Malgaches, un monocorde avec archet est le violon ; une canne à six cordes, pour laquelle nous ne trouvons pas de comparaison, une sorte de flûte en usage chez les Matitanes, voilà tout ce que l'on pourrait réunir pour composer un orchestre. Les chansons sont plaisantes ou sérieuses : dans les unes, on loue gravement de hauts faits ; dans les autres, on tourne en ridicule quelque personnage. Le succès de ces dernières n'est jamais douteux ; les éclats de rire témoignent de la joie de l'assemblée. Les danses viennent à toute occasion, surtout parmi les femmes ; les passes, les contorsions varient selon le goût particulier de chaque province. Les Antanosses tournent et marchent en cadence, les uns à la suite des autres, soit au bruit du tambour, soit avec accompagnement de chansons. Sur la Grande-Terre, des voyages, même à petite distance, ne s'exécutent pas sans nécessité ; on ne connaît de voitures d'aucun genre. Un petit siège de bois fixé à deux bâtons et porté sur les épaules par des esclaves, le *tacon*, est la chaise à porteurs dont se servent quelquefois les nobles et particulièrement les princesses. Maintenant encore le tacon est l'unique ressource des voyageurs européens qui redoutent les fatigues de la marche.

Le caractère et les mœurs des Malgaches sont jugés d'une façon bien sévère par M. de Flacourt. Le portrait est vraiment affreux. A peu d'exceptions près, déclare le chef de l'ancienne colonie française, les habitants de Madagascar sont capables de tous les genres de trahison ; ils tiennent la dissimulation, le mensonge, la flatterie, la cruauté pour autant de vertus. Ils ne combattent que par surprise et n'éprouvent aucune honte d'éviter le danger par une fuite rapide ; impitoyables envers les ennemis vaincus, près des vainqueurs ils s'abandonnent à toutes les bassesses. Ils ont pour maxime qu'il faut tuer celui à qui on a fait une injure, afin d'éviter une vengeance ; ils n'attribuent un pardon qu'à la bonne fortune ou à la puissance des *olis*. En un mot, ce sont des gens, dit notre historien, qu'on doit mener par la rigueur. Ici, Flacourt ne se montre pas un juste appréciateur ; comme les conquérants, il trouvait fort naturel de traiter des peuples peu avancés en civilisation avec hauteur et mépris, de manifester de rudes exigences, d'user à toute occasion des menaces et de la violence, oubliant que, brisés par l'injustice et l'abus de la force, les faibles n'ont d'autre ressource que la ruse et la dissimulation. Très certainement les Malgaches, nobles et plèbe, n'étaient pas exempts de vices ordinaires, la plupart des gens dont l'esprit n'a pas été très cultivé ; mais dans les premières relations qu'ils entretinrent avec les visiteurs étrangers on les avait vus pleins de douceur. Ces hommes ne doutaient pas de la supériorité des Européens ; ils admiraient les navires, les objets d'une industrie avancée et surtout les armes ; ils eurent de la reconnaissance envers ceux qui leur avaient apporté des fusils. Plus tard, ils déclaraient, en s'appuyant d'assez bonnes raisons, que les blancs ne valaient pas mieux que les rouges et les noirs. Dès lors, les Européens étaient jugés des ennemis redoutables dont il importait de se débarrasser par tous les moyens. Sur la Grande-Terre, les mœurs sont faciles. Les riches ont plusieurs femmes, et celles-ci ne se piquent pas de fidélité. Pour des cadeaux, les jeunes filles n'ont rien à refuser ; sous un certain rapport d'une prudence peut-être excessive, elles ne veulent pas contracter une union durable sans avoir connu très intimement le garçon qui se propose pour mari. Dans cette société malgache cependant, tout sentiment de dignité n'est pas éteint : si les intrigues sont permises, elles doivent demeurer secrètes ; il est malséant de les laisser apercevoir, plus encore d'en parler. Les nobles font une cérémonie pour le mariage ; les esclaves ne marquent l'événement par aucun signe. Un des plus graves reproches qu'on adresse aux habitants de Madagascar, c'est l'abandon ou le massacre des nouveau-nés. Les jours réputés malheureux par les *ombiasses* sont en très grand nombre, et sans pitié.

L'enfant qui arrive au monde sous la mauvaise étoile est jeté dans les broussailles ou égorgé ; seuls, quelques parents ayant au cœur un peu d'humanité les envoient au loin pour les faire élever. Outre les jours néfastes, d'autres causes déterminent la perte des nouveau-nés ; la mère a-t-elle beaucoup souffert pour sa délivrance, ou juge que l'enfant témoigne de faucheuses dispositions de caractère, — il est sacrifié. La pauvre esclave abandonnée de son maître ne prend pas la peine de nourrir le fils. La fille noble qui s'est livrée à un noir serait trahie par la couleur de la peau et la frisure des cheveux de l'enfant ; elle le fait disparaître, si par aventure, prise d'un sentiment de tendresse maternelle, elle ne le confie à quelque négresse. Ces coutumes, assure Flacourt, sont pratiquées dans l'île entière, — on sait combien les voyageurs en général en ont souvent parlé.

Entre eux, les Malgaches sont hospitaliers ; un moment, ils l'avaient été envers les étrangers. Heureux d'ignorer la valeur du temps, ils n'ont jamais de motifs pour être pressés ; paresseux, ne cultivant que pour les besoins de la famille, ils n'amassent point, et les provisions abondent rarement. Néanmoins, quand la maison est pourvue d'une manière suffisante, ils donnent volontiers à manger à ceux qui sont misérables.

Aucun genre d'observation n'a été négligé par Flacourt. Le chef de notre ancienne colonie cite les plantes et les animaux, qu'on rencontre à Madagascar ; les noms employés sont ceux des indigènes ; l'intérêt consiste dans l'indication des ressources du pays. Au XVIIe siècle, les sciences naturelles étaient peu avancées, et Flacourt n'était pas un savant. Il énumère confusément les végétaux importés par les Européens et les végétaux indigènes ; ces derniers sont la plupart désignés d'une manière assez vague. Au sujet du cocotier, maintenant très répandu sur la côte orientale de la grande île africaine, il rapporte un fait curieux que divers voyageurs modernes ont présenté avec assurance, comme s'ils avaient recueilli une information nouvelle. Au temps du séjour des Français au fort Dauphin, les gens du pays disaient : Autrefois le cocotier n'était pas connu ; une noix par la mer fut jetée sur la grève, elle germa, et vingt ou trente ans plus tard on voyait un bel arbre. Notre historien lui-même s'est assuré que des noix de coco, provenant sans doute de quelque île lointaine, arrivaient parfois à la côte lorsque régnait un grand vent de nord-nord-est. Outre les végétaux, ayant des racines alimentaires et les arbres donnant des fruits savoureux, on peut presque partout récolter du miel en abondance, celui des abeilles et celui de deux espèces de fourmis ; Personne n'a profité jusqu'ici du renseignement pour étudier les habitudes de ces singulières fourmis qui produisent du miel. En présence de cette riche nature, Flacourt s'écrie : « Tout ce pays est très fécond,… l'île est fournie de tout ce qui est nécessaire à la vie, de sorte qu'elle se peut facilement passer de tous les autres pays. » Comme si cette terre avait reçu toutes les faveurs, elle n'a pas d'animaux dangereux, et elle en possède beaucoup qui sont infiniment remarquables. Des crocodiles, il est vrai, habitent les rivières ; mais, retirés dans les endroits solitaires ; ils ne sont nullement à craindre.

Flacourt a tracé l'histoire des événements qui se sont passés à Madagascar entre les Français et les gens du pays depuis 1642 jusqu'en 1645. Là, tout est sombre, rien n'est instructif. Entre les étrangers et les indigènes, les hostilités sont à peu près incessantes. Il n'est jamais question de travail pour les colons ; sous un prétexte quelconque, les Français vont en expédition et ramènent du butin, déployant parfois un courage et une audace extrêmes. Les Malgaches se vengent ; ils attaquent, surprennent, égorgent les envahisseurs quand ils sont isolés. Des représailles paraissent nécessaires, on frappe souvent au hasard coupables ou innocents. Vaincus, les habitants font des soumissions, sollicitent la paix, jurent une éternelle amitié, et trahissent les vainqueurs. Telle est la malheureuse histoire. On s'en souvient, les colons, très réduits par la mort, pensaient être oubliés : aussi l'émotion fut bien vive lorsqu'au mois de juillet 1654 on apporta au fort Dauphin la nouvelle que deux navires étaient arrivés. En effet le privilège de la *Société de l'Orient* était expiré ; le duc de La Meilleraye, ayant obtenu la concession, avait expédié des vaisseaux portant un petit nombre de passagers. Flacourt était invité à poursuivre l'œuvre commencée ; mais, chagrin de manquer d'informations au sujet de la compagnie qu'il représentait, il préféra retourner en France, laissant le commandement à Pronis, revenu sur l'un des navires du duc de La Meilleraye. Rêvant un brillant avenir pour l'établissement qu'il avait essayé de fonder, Flacourt entreprit d'instruire ses contemporains relativement à l'île de Madagascar ; nous savons comment il s'est acquitté de cette tâche. Il ne terminera point sans indiquer les fautes commises, sans donner les avis les plus sages, sans prescrire les mesures qu'il convient de prendre, si l'on veut réussir. Plein de dureté et maladroit, semble-t-il, dans ses relations avec les Malgaches, l'ancien chef de la colonie déclare indispensable l'action douce et patiente des missionnaires. Folles, pense-t-il justement, sont les compagnies qui espèrent en peu de temps réaliser de gros bénéfices, et abandonnent tout au moment où les opérations les plus difficiles sont accomplies ; il faut défricher, labourer, ensemencer et attendre la moisson. Notre historien regarde comme facile d'établir dans de bonnes habitations des colonies de travailleurs sur différents points de ce pays, « où l'on a de toutes les choses en excès pour le vivre, le vêtement et le logement. « Il recommande la culture du tabac, de l'indigo, du coton, de la canne à sucre ; il conseille l'entretien de ruches d'abeilles, l'éducation des vers à soie indigènes, la récolte de la soie, qui est partout en quantité, des gommes, des pierres précieuses, la chasse des bœufs sauvages pour amasser des cuirs ; il engage à installer des forges, car le minerai de fer est très répandu, les ruisseaux et les cascades sont en grand nombre, le bois est à profusion.

L'assistance que de sages colons trouveraient dans la population n'est pas douteuse ; — les nègres servent sans difficulté, des maîtres de villages offrent de cultiver les terres moyennant le partage de la récolte, et les Français qui consentent à demeurer avec eux, à se lier en épousant leurs filles ou leurs parentes, obtiennent tout ce qu'ils veulent. Les avantages pour la marine des forêts de Madagascar ne sont pas oubliés ; la possibilité pour les navires retournant en France chargés des produits de la grande île africaine de toucher dans les ports d'Amérique est particulièrement signalée. Flacourt insiste sur la nécessité de choisir les gens qui seront admis à passer sur la Grande-Terre. Il veut un commandant général, de bons lieutenants, une milice, afin d'assurer la protection de chaque groupe de colons. Il demande d'abord des cultivateurs, ensuite de vrais ouvriers de tous les états ; il ne faut ni vagabonds ni femmes débauchées. « Il y a, dit-il, assez de femmes de toutes couleurs, blanches et noires, au choix de ceux qui les voudront épouser. » Il ne manque pas d'énumérer en détail les objets dont on doit se munir pour trafiquer avec les habitants : verroteries, rassades rouges et bleues et d'autres nuances vives, grains de corail, grenats, chaînettes de cuivre, mercerie, quincaillerie, étoffes. En (in il prescrit les dispositions à prendre par la compagnie pour tenir en dépôt les marchandises et en. céder aux colons. De précieux renseignements étaient donnés, un admirable programme était tracé ; on ne sut en profiter d'aucune façon.

III

Au XVIIe siècle, on ne songeait pas aux pays lointains sans penser aux affaires de la religion. Le doux prêtre que plus tard on appellera saint Vincent de Paul avait fondé la *mission* pour répandre la loi chrétienne parmi les barbares ; il accueillit avec bonheur la proposition d'envoyer des ecclésiastiques à Madagascar. En 1648, le vaisseau qui portait M. de Flacourt emmenait deux missionnaires ; en 1654, les navires du maréchal de La Meilleraye en déposaient plusieurs autres sur la grande île. Ces pauvres gens, remplis d'un zèle magnifique, prenant peu de repos, s'imposant des fatigues et des privations, succombèrent à la peine ; sept étaient morts dans l'espace de quelques années. Occupés d'une manière exclusive de l'œuvre évangélique, mieux que personne les missionnaires fournissent l'occasion de reconnaître combien il eût été facile aux Européens de vivre en bonne intelligence avec les indigènes. Dans des lettres adressées à l'abbé Vincent de Paul, ils ont consigné les résultats des visites dans les villages et des entretiens avec les habitants. L'abbé Nacquart, qui le premier parcourt les environs du fort Dauphin, est charmé de la docilité des Malgaches ; l'abbé Bourdaise, qui lui succède, se montre aussi heureux. Partout les prêtres étaient bien accueillis d'une grande partie de la population ; ils n'étaient pas inquiétés par les nobles, qui, ne voulant pas renoncer à de vieilles pratiques, refusaient de les entendre. Près de ces derniers, l'obstination était une faute ; un terrible événement sera bientôt la preuve qu'elle pouvait devenir un crime préjudiciable à tous les intérêts. Les missionnaires avaient les yeux à peu près fermés devant les choses les plus intéressantes ; par hasard cependant, l'abbé Bourdaise fait une remarque propre à convaincre que des Malgaches sont capables de devenir d'excellents ouvriers ; il voit travailler un orfèvre, et il s'étonne : la forge est un petit plat de terre, le soufflet un chalumeau, l'enclume une tête de clou. « Avec cela, dit-il, ces gens-là font des ouvrages si délicats et si bien façonnés qu'il faut les avoir vus pour y croire. »

Après le départ de Flacourt, l'état de la colonie est profondément misérable. Par accident, le fort Dauphin brûle ; Pronis meurt, ses deux lieutenants se comportent envers les indigènes comme des bêtes féroces. Champmargou prend le gouvernement ; les Français continuent d'aller en courses pour se procurer des vivres. En 1663 arrive un renfort de 150 hommes ; on en profite pour entreprendre de plus grosses expéditions, enlever des troupeaux et des esclaves.

Des héros de ces aventures sont assassinés : on porte la guerre dans plusieurs provinces ; les incendies, les scènes de carnage, sont interminables. Les milices du fort Dauphin, manquant de subsistances, réduites aux plus dures extrémités, se trouvent sauvées par un homme d'une singulière énergie, La Caze, qui, devenu mari de la fille du seigneur de la vallée d'Amboule, exerçait une véritable puissance. La situation s'aggrave par la faute d'un missionnaire ; emporté par une ardeur furieuse, le père Etienne poursuivait à outrance, dans l'espoir de le convertir à la foi chrétienne, le chef de la région du Mandreré, le dernier ami des Français parmi les Malgaches. Il somme le prince de quitter ses femmes, il menace, il se livre à des violences, et, avec ceux qui l'accompagnent, il paie son audace de la vie. Les représailles doivent suivre ; Champmargou réunit tout son monde, marche contre le souverain de Mandreré, et se voit contraint de reculer. La troupe du fort Dauphin allait sans doute être anéantie, lorsque La Caze apparut, suivi de son peuple en armes, et sauva ses compatriotes. Délivrés, les prétendus colons ne manquent pas de satisfaire de nouvelles vengeances et de faire de nombreuses exécutions.

Ainsi finissait ce que l'on a nommé le premier établissement des Français à Madagascar. Un commissaire d'artillerie, qui eut sa part dans les expéditions et les combats des deux dernières années, Carpeau du Saussay, a raconté les détails de ces déplorables événements. A ce récit, Carpeau a joint une peinture de la grande île africaine, de ses habitants, de ses productions, il apprend peu de chose ; la peinture a été faite beaucoup plus d'après l'ouvrage de Flacourt que d'après l'observation de la nature. Le commissaire d'artillerie s'occupe volontiers des femmes, les trouve « passablement belles et d'un embonpoint prodigieux ; c'est ainsi que les aiment les grands. » Les habitants sont jugés de la même façon que par le premier historien de Madagascar. Notre auteur décrit les *olis* comme de petites boîtes à plusieurs trous contenant de la chair de quelque ennemi, du sang de serpent ou d'autres saletés ; il a vu le sacrifice d'un bœuf, l'enterrement d'un personnage, et il nous faut reconnaître que nous avons été déjà bien renseignés sur de semblables cérémonies.

Malgré une première tentative fort malheureuse, on continuait à désirer en France la possession de Madagascar. En 1664, Colbert soumet au roi le plan d'une nouvelle entreprise ; la compagnie des Indes orientales est fondée ; elle aura les droits qui avaient été accordés à l'ancienne *Société de l'Orient*, et le privilège du commerce pendant cinquante années. Le capital de la compagnie devait être de 15 millions de livres. Louis XIV en prenait le cinquième à sa charge ; le monde de la cour souscrivait pour 2 millions, les villes du royaume, les cours souveraines s'engageaient pour des sommes importantes. C'était un véritable enthousiasme. Un édit du 1er juillet 1665 confirme la cession et prescrit d'appeler désormais Madagascar l'île Dauphine. Le chef-lieu désigné est le fort élevé par les Français ; le nom de *France orientale*, qu'on propose pour la grande île africaine, paraît sublime.

On a la bonne intention de faire régner la justice ; deux magistrats, l'un, M. de Beausse, comme président et dépositaire des sceaux du roi, sont choisis pour faire observer les lois. Des règlements menacent de punitions sévères ceux qui prendront de force des femmes ou des filles, qui emporteront des objets appartenant aux originaires du pays, qui s'attrouperont pour aller en guerre contre les naturels ou qui feront le trafic des esclaves. La compagnie, de son côté, formule de belles recommandations au sujet des soins hygiéniques, des rapports entre les supérieurs et les administrés, des assurances qui doivent être portées aux naturels par toutes les voies imaginables : que les Français viennent de la part du plus grand roi du monde et garderont la parole et la bonne foi. C'était beaucoup compter sur l'absence de mémoire des indigènes. Ces dispositions arrêtées, toutes les fortes têtes politiques et administratives demeurent dans l'enchantement ; — avoir des hommes habiles et instruits pour la conduite des affaires, de bons cultivateurs, de bons ouvriers, sont des détails dont il paraît inutile de s'embarrasser. Le fameux Champmargou reste commandant militaire sous les ordres d'un marquis de Mondevergue, gouverneur et lieutenant-général du roi pour l'île Dauphine et l'île Bourbon. Dans la matinée du 11 juillet 1665, le canon des navires et du fort Dauphin se faisait entendre ; une cérémonie annonçait la prise de possession de l'île de Madagascar au nom du roi et pour le compte de la compagnie des Indes orientales. Le second établissement des Français périclita un peu plus vite que le premier ; rien ne manqua en fait de désordres et de dilapidations. En 1670, la compagnie abandonnait ses droits sur l'île Dauphine.

La Grande-Terre est déclarée appartenir au domaine de la couronne ; l'amiral de La Haye, avec une flottille, vient représenter l'autorité souveraine. A l'arrivée, il se préoccupe avant tout des honneurs qu'il croit lui être dus. Le maître d'un village assez proche du fort Dauphin ne se pressait pas de venir rendre hommage, l'amiral lui enjoint de livrer toutes les armes à feu qui sont en sa possession. Ayant essuyé un refus énergique, il envoie attaquer le chef malgache, qui dispose à peine d'une centaine d'hommes, par une troupe composée de 700 Français et de 600 indigènes, sous les ordres de Champmargou et de La Caze. Une admirable défense suivie d'une étonnante retraite déconcerte les Français. L'amiral vice-roi, se sentant humilié, partit pour l'île Bourbon avec tout son monde. Bientôt après meurt La Caze, puis Champmargou. Un instant encore un vestige d'autorité subsiste. La Bretesche, gendre de La Caze, cherche à maintenir les débris de la colonie ; l'œuvre est au-dessus de ses forces. Découragé, il quitte le pays avec sa famille. Les circonstances qui amenèrent la perte définitive de la colonie sont rapportées de façon diverse, et la date de l'événement est douteuse. C'était la nuit de Noël 1672, disent les uns ; les Français, assaillis à l'improviste dans l'église par les Malgaches, furent égorgés. Selon d'autres témoignages, le massacre eut lieu près des habitations. Un signal de détresse avertit les gens du vaisseau sur lequel s'était embarqué le dernier gouverneur ; la chaloupe aussitôt mise à la mer vint recueillir au pied du fort Dauphin les malheureux encore vivants. D'après les lettres des missionnaires, c'est dans les derniers jours du mois d'août 1674 que furent massacrés les Français répandus dans la province d'Anossi, et dans la nuit du 9 au 10 septembre qu'un navire emporta les derniers de nos compatriotes.

Un homme qui vécut à Madagascar de 1669 à 1672, Dubois, a noté les incidents survenus pendant son séjour. Sans ajouter d'une manière sensible aux connaissances que nous devons à Flacourt, il décrit les ressources du pays et les mœurs des habitants. Ici, les Malgaches ne sont pas jugés avec la même sévérité que par Flacourt : tous ces gens-là, affirme le chroniqueur, sont assez civils et courtois ; spirituels et fins, ils n'ont pas la brutalité des autres nations noires. Néanmoins s'abandonner à trop de confiance peut être dangereux ; quand ils font le plus de caresses, ils veulent trahir. « Autrefois ces noirs étaient les meilleures gens du monde ;... » nous savons le reste. Dubois énumère les excellentes choses qui abondent dans la grande île. Les colons paisibles et laborieux n'étaient pas mal partagés. Près de l'habitation, ils avaient le jardin avec les meilleurs fruits indigènes et les légumes de France, la basse-cour avec des animaux du pays et les oiseaux domestiques importés d'Europe.

Après le désastre du fort Dauphin, négriers, forbans ou pirates de diverses nations sont les seuls qui fréquentent la Grande-Terre. Malgré tout, Louis XIV n'oublie nullement ses droits ; par un édit du 4 juin 1686, il prononce la réunion définitive à son domaine de l'île de Madagascar pour en disposer en toute propriété. Cependant les années s'écoulent sans qu'on songe à la moindre entreprise. Au temps de la régence, on se contente de reconnaître à la compagnie des Indes le privilège exclusif du commerce avec ce pays.

En 1702, un vaisseau anglais échoue à la côte sud-ouest dans un endroit qui n'est pas déterminé. Les naufragés avaient l'espoir de gagner par terre la baie de Saint-Augustin, assez fréquemment visitée par des navires ; mais, bientôt entourés d'indigènes accourus en foule, le rêve s'évanouit. Le chef malgache se montrait jaloux de retenir près de lui des hommes blancs, parce que d'autres souverains de l'île jouissaient de cette bonne fortune. Ne pouvant opposer de résistance sérieuse, les Anglais se laissèrent conduire ; au bout de trois jours de marche, ils étaient logés et passablement traités dans le village du seigneur, qui voulait se donner le luxe de régner sur des Européens. Les captifs ne songeaient néanmoins qu'à reconquérir la liberté ; un complot est tramé, et une belle nuit ils se sauvent, emportant le roi et son fils. Poursuivis par les Malgaches, ils commettent la faute de lâcher les otages ; presque aussitôt tous étaient massacrés. Deux très jeunes gens épargnés tombèrent au pouvoir de certains chefs : l'un mourut vite, paraît-il ; l'autre, Robert Drury, racheté après quinze ans de servitude, retourna en Angleterre. Le récit de ses aventures, qui a été publié, produisit une vive sensation chez nos voisins d'outre-Manche. La véracité du narrateur a été affirmée ; pourtant, à quelques égards, le doute est légitime. Drury prétend qu'il était esclave. Un Européen réduit en esclavage ! c'est impossible, disent ceux qui connaissent les Malgaches ; on tue l'Européen peut-être, on ne le place jamais dans une condition infime. Prenant peu d'intérêt à des aventures personnelles, nous cherchons partout les faits qui éclairent sur la nature du pays, sur le caractère et les mœurs des habitants. Drury a vécu parmi des peuplades éloignées des points occupés par les Français, dans une région où il n'existe que des noirs : au premier abord, on espère être initié à beaucoup de choses nouvelles ; mais le jeune homme, fort ignorant, nous laisse dans l'incertitude au sujet des contrées qu'il a parcourues ; seul, M. Grandidier pourra trouver le chemin.

Le prétendu esclave nous entretient en particulier de son genre de vie près du maître, le seigneur Mevarrou, petit-fils du souverain absolu de la contrée. Il n'est vraiment pas très malheureux ; au commencement de sa captivité, il ne fait guère autre chose que de se promener et de visiter les plantations en compagnie de la princesse et de sa fille. Cependant une existence aussi désœuvrée ne dure pas. Amené sur un champ, le jeune Anglais est invité à prendre la bêche et à travailler. Il affecte une incroyable maladresse ; le seigneur et sa femme rient, le voilà dispensé d'être cultivateur. Il sera berger, c'est plus agréable : on ne se fatigue que dans les grandes chaleurs ; il faut aller abreuver les troupeaux à la distance de plusieurs milles. Une pratique curieuse est répandue dans les régions privées de rivières et d'étangs : au matin, on va sur les herbes recueillir la rosée avec des calebasses et des vases de bois. En moins d'une heure, une abondante provision est faite ; mais cette eau, excellente lorsqu'elle est fraîche, s'altère vite et prend un goût désagréable. Le captif est bientôt enlevé à ses fonctions de berger. Le seigneur annonce qu'il part pour la guerre, et le charge d'être le gardien assidu de sa femme ; dans cette situation, la peine n'existe pas. Ici nous apprenons comment est salué au village le retour du chef victorieux. L'entrée est triomphale, les trompettes sonnent ; tout le long du chemin, les hommes dansent devant le prince, ceux qui sont en tête tirent des coups de fusil vers la terre, — c'est la façon de déclarer le succès ; les troupeaux conquis et les prisonniers marchent à la suite. Alors, autour de l'habitation du chef, se groupent les parents et la population, et chacun vient se prosterner aux pieds du vainqueur. Les procédés de la guerre chez les

Malgaches, dont Flacourt nous a instruits, sont décrits dans tous les détails par Robert Drury. Les agresseurs, profitant d'une nuit sombre, atteignent la ville endormie qu'ils se proposent de surprendre ; jetant de la chair aux chiens afin de les empêcher d'aboyer, ils pénètrent à l'intérieur. Un coup de fusil est tiré pour répandre l'alarme ; subitement éveillés, les hommes sortent des cases, et sans défense ils sont percés par les sagaies. Les femmes et les enfants sont enlevés, les troupeaux emmenés, les objets de valeur recueillis, et le village est livré aux flammes. Aussi, dans les temps de guerre, c'est un usage constant parmi les peuplades de la grande île de cacher les femmes et les enfants, ainsi que les troupeaux, dans les parties les plus inaccessibles des bois ; on prend soin d'éloigner beaucoup les uns des autres, parce que les mugissements des animaux pourraient déceler la retraite des femmes. A défaut de provisions, les ignames, le miel, les fruits, suffisent à nourrir les réfugiés. On installe un rucher d'une façon bien simple : les abeilles, chacun le sait, se logent dans le creux des arbres ; on coupe les troncs, et l'on emporte la partie qui contient les rayons. Parfois des peuplades, trop faibles pour lutter contre de nombreux ennemis, bâtissent des villages au milieu de bois touffus, et les protègent par des fossés et une enceinte de pieux et de buissons garnis d'épines. Il devient impossible d'y pénétrer autrement que par une porte toujours dissimulée. Dans la contrée où demeura Drury, les coutumes, le genre de vie, les superstitions, ressemblent à ce que l'on a vu dans le pays autrefois habité par les Français. La confiance dans les *olis* est pareille, les *ombiasses* entretiennent les mêmes idées ; le jeune captif anglais a rencontré un de ces hommes, qui venait de la province d'Anossi. L'action du peuple originaire des bords de la Mer-Rouge sur l'ensemble de la population de Madagascar est manifeste.

Au commencement du XVIIIe siècle, un ingénieur étudia les côtes de la Grande-Terre sans avoir à l'avance conçu aucun projet de ce genre. Pris par les forbans, M. Robert avait été amené dans le nord de l'île ; l'occasion était belle, il fit des observations, s'efforça de rectifier en quelques points les cartes en usage, inscrivit au moins les noms des localités qu'on ne connaissait pas encore en Europe, et, tout charmé du pays, il se préoccupa de la possibilité de fonder un établissement. En France revenait l'idée d'une colonisation de Madagascar. En 1733, l'ingénieur de Cossigny, envoyé à la baie d'Antongil, examina le littoral pendant quatre mois, et trouva la situation mauvaise à cause de l'insalubrité du climat. Douze ans plus tard, Mahé de Labourdonnais vint aux mêmes lieux pour faire réparer des vaisseaux de son escadre et se ravitailler avant de porter ses forces dans l'Inde. Émerveillé des ressources de la contrée, le célèbre général fit connaître son regret de les avoir ignorées lorsqu'il était gouverneur de l'Ile-de-France. Peu après, un événement détermina le retour des Français.

Jugeant inutile de parler longuement de l'histoire des forbans anglais qu'on a souvent reproduite, nous rappellerons seulement quelques faits essentiels. Les descendants des pirates, issus la plupart des filles des chefs de la côte, les *Malattes*, ainsi qu'on les a qualifiés, exerçaient encore une influence considérable sur les indigènes. L'un d'eux, Ratsimilaho, plus souvent désigné sous le nom de Tamsilo, qui avait pour mère la fille d'un chef de l'île Sainte-Marie, homme intelligent, éclairé par des voyages et d'habituelles relations avec les Européens, forma le dessein d'affranchir sa patrie de la domination des Bétanimènes, qui s'étendait de Tamatave à la baie d'Antongil. Reconnu chef suprême, Ratsimilaho réussit dans l'entreprise, et demeura le souverain respecté. A sa mort, en 1750, le trouble survint dans l'état ; la fille du roi de Foulepointe, Beti, ayant conservé la possession de l'île Sainte-Marie, en fit don à la compagnie des Indes ; un acte authentique a consacré la remise de la propriété au roi de France. Les fautes autrefois commises chez les Antanosses se renouvelèrent à Sainte-Marie. L'agent de la compagnie des Indes, Gosse, homme stupide et méchant, révolta les indigènes : les Français furent massacrés. Ils reparaissent dans la petite île en 1754, pour l'abandonner encore en 1761. Des établissements de commerce particuliers continuèrent d'exister sur la côte orientale de la Grande-Terre. Tant de déceptions n'avaient pas découragé tous les esprits ; — un officier distingué, le comte de Modave, adressa au ministre de la marine un mémoire où les avantages et la facilité d'avoir une colonie à Madagascar étaient exposés. En 1768, M. de Modave entreprenait de relever le fort Dauphin : les ressources manquèrent ; le gouverneur, ayant perdu tout espoir de succès, quittait le pays dès l'année suivante.

Le temps est venu où de vrais observateurs visiteront la grande île africaine. Par un hasard qu'on rencontre si rarement, on avait donné à l'Ile-de-France pour gouverneur un homme instruit, plein d'aménité, sachant en toute occasion mettre la science à profit, Poivre enfin, dont le nom est attaché à plus d'un bienfait. En 1769, le chevalier Grenier, ayant à son bord l'astronome Rochon, se rendit à Madagascar. Pendant cette expédition, quelques points de la côte furent déterminés avec soin. Rochon avait reçu de Poivre la recommandation de recueillir « tout ce qui pourrait contribuer aux progrès des sciences et des arts. » Il s'occupa des plus remarquables représentants du règne végétal ; il a rapporté au Jardin du Roi de beaux échantillons de quartz. Bientôt après, Philibert Commerson, qui avait accompagné Bougainville dans son voyage aux terres australes, venait étudier à son tour, par ordre du gouvernement, la Grande-Terre. Pour la première fois, un naturaliste visitait le pays déjà foulé par une multitude de Français. L'explorateur parcourut les environs du fort Dauphin, récoltant une infinité d'objets, opérant une véritable reconnaissance scientifique. Alors, comme une exclamation, retentit en Europe cette vérité saisissante : la grande île africaine ne ressemble à aucune autre contrée du monde. « Quel admirable pays que Madagascar ! écrit en 1771 Commerson à son intime ami l'astronome Lalande ; c'est à Madagascar que je puis annoncer aux naturalistes qu'est la terre de promission pour eux. C'est là que la nature semble s'être retirée comme dans un sanctuaire particulier pour y travailler sur d'autres modèles que sur ceux où elle s'est asservie ailleurs ; les formes les plus insolites, les plus merveilleuses, s'y rencontrent à chaque pas... » Tant de voyageurs avaient regardé cette nature étrange ! les yeux d'un véritable observateur avaient été nécessaires pour la voir. Malheureusement le savant explorateur, fatigué et malade, ne put continuer ses recherches au-delà de quatre mois ; ses collections, adressées au Jardin du Roi, un moment ont été un trésor. Commerson ne devait pas lui-même faire connaître ce qu'il avait recueilli ; élu membre de l'Académie des Sciences le 21 mars 1776, cette nomination était comme une couronne sur un tombeau. Huit jours auparavant, le compagnon de Bougainville, le voyageur instruit, l'observateur pénétrant, était mort à l'Ile-de-France.

Après Commerson, un autre naturaliste distingué, Sonnerat, qui avait déjà étudié les végétaux et les animaux de l'Inde et de la Chine, vint toucher à Madagascar. Un très court séjour suffit au savant pour acquérir la connaissance de plusieurs faits d'un haut intérêt. Sonnerat, le premier, a décrit, ainsi que plusieurs autres espèces végétales, le *ravenala*, l'*arbre du voyageur*, de nos jours presque poétisé par une sorte de légende ; il a signalé des makis, rapporté l'aye-aye, l'un des plus singuliers mammifères. Il a donné un aperçu de l'île et des coutumes des indigènes, ajoutant quelques traits aux renseignements que nous devons à Flacourt. Si ce pays était habité par les Européens, dit Sonnerat, il serait peut-être le plus beau, le plus puissant, le plus riche du monde. Il est douteux que nous puissions nous y fixer d'une manière solide, parce que les habitants veulent être traités avec douceur. Comment flétrir en termes plus simples la conduite de ceux qui eurent la prétention de fonder un grand établissement colonial ? Le naturaliste voyageur constate en 1774 que la côte de l'est, dont les meilleurs ports sont le fort Dauphin, Tamatave, Foulepointe, Sainte-Marie et le port Choiseul dans la baie d'Antongil, est seule connue ; — la partie de l'ouest est peu fréquentée à cause de la cruauté des habitants. Le territoire situé autour de la baie de Saint-Augustin est aride, peu boisé, parsemé de grosses roches ferrugineuses et couvert d'une espèce de liseron qui rampe sur les bords de la mer et dans les endroits sablonneux. D'après notre observateur, il y a trois races d'hommes bien distinctes à Madagascar : la première très noire avec des cheveux courts et crépus, la seconde au teint basané avec les cheveux longs et plats, et les traits ressemblant à ceux des Malais, — elle demeure dans quelques provinces de l'intérieur : on reconnaît les Ovas ; — la troisième, répandue aux environs du fort Dauphin et sur quelques parties de la côte occidentale, descend des Arabes. Les hommes de cette origine écrivent la langue malgache, en caractères arabes, sur de mauvais papier qu'ils fabriquent eux-mêmes. Et notre auteur ajoute : A défaut d'encre et de papier, ils se servent de feuilles de *ravenala* et d'un poinçon. Sonnerat, examinant ensuite l'agriculture, l'industrie et les habitudes des Malgaches, rapporte plusieurs particularités dont les précédents voyageurs n'avaient point parlé. Les habitants du nord ne cultivent guère que le riz ; en divers endroits, ils ne se donnent pas la peine de semer ; quelques épis sont épargnés sur les tiges, le grain tombe et germe. L'habileté des orfèvres et des forgerons de la grande île africaine avait été vantée ; on nous donne maintenant la description du soufflet de forge. C'est un instrument bien primitif et pourtant assez ingénieux : il se compose de deux troncs d'arbres creux liés ensemble, l'un et l'autre terminés par un tuyau de fer ; à l'intérieur de chaque cylindre, il y a un piston garni de *raphia*, tenant lieu d'étoupe ; on le devine tout de suite, la manœuvre est celle de l'appareil à injection le plus connu. On a pu se demander de quelle façon les femmes tissaient les étoffes ; nous apprenons qu'elles emploient un métier qui consiste en quatre morceaux de bois fichés en terre. En même temps une information révèle l'existence, au pays des Machicores, de l'art inventé par les grandes dames chinoises, l'éducation des vers à soie. A l'égard des maisons, des ustensiles, des usages ordinaires de la vie, des épreuves judiciaires, aucune remarque nouvelle n'est à noter après les renseignements qu'on doit à Flacourt. Le menu des repas des habitants de Foulepointe paraîtra fort modeste : c'est du riz avec du poisson ou une poule cuite à l'eau ; le sel est inconnu, on le remplace par un peu d'eau de mer. Coquettes aussi sont les femmes de ce pays, découvre l'observateur de la nature ; elles font le ménage, mais l'occupation ne les empêche nullement de passer des journées entières à se parer pour plaire à leurs amans. Sonnerat ne s'est guère arrêté à contempler les beaux sites de Madagascar ; seule, la vallée d'Amboule est l'objet d'une admiration particulière.

Vers l'époque où de paisibles naturalistes se promenaient sur les rivages de la grande île africaine, le gouvernement français accueillait encore une proposition relative à la fondation d'une colonie. Un véritable aventurier, homme de fière résolution et de grand courage, le fameux comte Maurice de Benyouski, l'évadé du Kamtschatka, se croyait assuré d'un succès. Cent fois, l'histoire des prouesses légendaires de ce personnage étrange a été écrite ; nous n'aurions nul intérêt à en reproduire les détails. Arrivé à la baie d'Antongil au commencement de l'année 1774, Benyouski prit bientôt un incroyable ascendant sur la plupart des indigènes ; il repoussa les agressions d'une peuplade hostile, éleva des forts, et fit pratiquer une grande route d'Antongil à Bombétok. Par des circonstances qui attestent la naïveté des

Malgaches, il devient souverain indépendant ; le gouverneur de l'Ile-de-France s'alarme, Benyouski part pour la France afin de se justifier, demande des subsides à tous les états, et obtient quelques faveurs de l'Amérique. Après avoir beaucoup erré, ce roi de hasard étant revenu en son royaume, une petite expédition préparée à l'Ile-de-France arriva pour mettre fin aux exploits de l'homme qu'on jugeait trop entreprenant. Le 23 mai 1786, Benyouski tombait frappé d'une balle.

Avant les premiers jours de la révolution, tout le monde s'inquiétait du sort de La Pérouse. Aristide Du Petit-Thouars forme le projet d'armer un navire pour faire le tour du monde à la recherche du célèbre navigateur. Son frère Aubert, un jeune botaniste, l'accompagnera en vue de la science. Pour subvenir aux frais de l'expédition, une souscription est ouverte ; naturellement elle avorte, les deux frères dépensent leur patrimoine. On était en 1792, Aristide, menacé par d'infâmes dénonciations et obligé de gagner la pleine mer, indique à son frère l'Ile-de-France pour se rencontrer. Aubert s'embarque : en arrivant, il ne trouve pas Aristide ; il ne devait jamais le revoir, — on sait la fin du capitaine du *Tonnant*. Aubert Du Petit-Thouars, après un long séjour à l'Ile-de-France, saisit l'occasion qui se présente d'aller à Madagascar. Parcourant les environs de Foulepointe, il étudie la végétation, et bientôt dans une forme scientifique il fera connaître en partie cette flore qui avait tant émerveillé Philibert Commerson.

L'idée d'une colonisation de Madagascar était bien persistante. En 1792, la convention chargeait un agent de visiter l'île et de choisir une position avantageuse.

M. Lescalier fit cette découverte, que l'insuccès des premières tentatives antérieures devait être attribué au mauvais esprit qui y avait présidé. En 1801, Bory de Saint-Vincent reçut une mission analogue de la part du gouvernement de l'Ile-de-France. En 1804, le général Decaen s'assura des moyens de conserver là possession des côtes, déclara Tamatave chef-lieu des établissements français, et plaça dans ce port M. Sylvain Roux comme agent général. Pendant un siècle et demi, la France avait eu la possibilité de faire de Madagascar une contrée riche et heureuse ; elle ne devait plus la retrouver. Après un silence de dix années, tout sera changé. Des événements nouveaux et le progrès des recherches scientifiques vont nous occuper.

Chapitre 2

I

Après la chute de l'empire, lorsqu'il fut permis à la France de revoir les mers et de songer à ses anciennes colonies, l'Ile-de-France et l'île Bourbon étaient aux mains des Anglais ; l'agent placé à Tamatave par le général Decaen avait été expulsé, les forts qui existaient dans les comptoirs de la côte orientale de Madagascar avaient été détruits, le pays abandonné aux indigènes. Le traité de Paris spécifiait la cession à la Grande-Bretagne de l'*Ile-de-France et de ses dépendances*. Dans l'opinion, du gouverneur de la colonie anglaise, sir Robert Farquhar, Madagascar était une simple dépendance de l'Ile-de-France, qu'on appelle désormais l'île Maurice. L'interprétation, au moins singulière, fut contestée ; elle donna lieu à l'échange de nombreuses pièces diplomatiques entre la France et l'Angleterre. Un ordre du gouvernement britannique, en date du 18 octobre 1816, enjoignit à l'amiral Farquhar de remettre immédiatement à l'administration de l'île Bourbon les anciens établissements de Madagascar. Les écrivains anglais aiment à plaisanter à l'égard de nos droits sur la grande île africaine ; c'est en vérité beaucoup manquer de logique. Mieux que tout autre, le peuple anglais a pris pour axiome que les pays barbares appartiennent à la nation civilisée qui la première y a planté son pavillon et déclaré possession. Sous ce rapport, la France est bien en règle relativement à Madagascar ; les reproches qu'elle mérite pour d'irréparables fautes retombent sur les gouvernements, qui écoutent toujours les intrigants et ne recherchent presque jamais les hommes utiles.

Au mois de mars 1817, le ministre de la marine et des colonies chargea les administrateurs de l'île Bourbon de reprendre possession des anciens établissements français de la Grande-Terre, d'envoyer un agent commercial et un nombre de soldats capable de faire respecter le pavillon. Un conseiller d'état, vice-président du comité de la marine, M. Forestier, fut choisi pour rechercher, à l'aide des rares documents conservés dans les archives, le parti que la France pourrait tirer du pays tant de fois foulé par nos compatriotes dans les deux siècles précédents. Se croyant suffisamment éclairé par les lumières de M. Sylvain Roux et d'un ancien chef de traite, M. Forestier proposa de fonder un établissement colonial d'une certaine importance sur la côte orientale de Madagascar. L'île Sainte-Marie, située en face du port de Tintingue, parut offrir une réunion d'avantages propres à fixer d'abord le choix du gouvernement, — le canal qui la sépare de la grande île formant une rade sûre, d'un accès facile par tous les temps.

La pénurie des finances détermina l'ajournement de toute entreprise jusqu'à l'année 1819. Afin de préparer la voie, une commission spéciale, placée sous les ordres de M. Sylvain Roux, dut aller examiner l'endroit où il conviendrait d'entreprendre des cultures et d'attirer le commerce ; Tintingue et Sainte-Marie furent indiqués comme les points les plus favorables. En présence des principaux habitants du pays réunis en *kabar*, c'est-à-dire en assemblée générale, on reprit possession de Sainte-Marie le 18 octobre, et de

Tintingue le 4 novembre 1818 ; la revendication de la propriété de la petite île ne fut nullement contestée par les indigènes. Le baron de Mackau, alors capitaine de frégate, et son état-major avaient mis le temps à profit pour lever le plan du port de Tintingue. Les explorateurs s'applaudirent de l'accueil des Malgaches ; ils amenaient du reste un témoignage vivant de la confiance qu'ils avaient inspirée. Le chef de Tamatave, né d'un père français et d'une mère de la race des Zafferamini, le fameux Jean René, avait remis son neveu, et le chef de Tintingue son petit-fils aux mains de M. de Mackau, pour les faire élever dans un des collèges de Paris. Tandis que l'administration française réunissait des commissions, réclamait des rapports, discutait sur les points où l'on devait s'établir, les Anglais déployaient toute l'activité imaginable pour acquérir une influence prépondérante sur les habitants de Madagascar. Un changement considérable s'était effectué depuis peu dans la condition politique de la Grande-Terre. Le peuple ova, autrefois relégué dans l'intérieur de l'île, absolument inconnu à nos anciens colons du fort Dauphin, signalé en termes très simples par Le Gentil et Sonnerat, avait étendu sa domination sur les peuplades voisines, et faisait reconnaître son autorité jusqu'à la côte. Autrefois soumis à différens chefs, les Ovas s'étaient longtemps fait la guerre. Au commencement du siècle, Impoina conquit la province d'Imerina tout entière, et le renom du vainqueur détermina la soumission des chefs de plusieurs districts. Le fils du conquérant, Radama, était devenu roi en 1810, à l'âge de dix-huit ans; homme plein d'énergie, souvent cruel, mais supérieur à ses compatriotes par les qualités de l'esprit, il devait au contact des Européens prendre goût aux formes de la civilisation et accroître son ambition. Sir Robert Farquhar comprit l'intérêt de gagner les bonnes grâces de ce souverain rempli d'orgueil, qui rêvait à sa grandeur, assis sur une natte et enveloppé d'un lamba. En 1816, le gouverneur de l'île Maurice se hâta d'envoyer son aide-de-camp, le capitaine Le Sage, près de Radama, dans le seul dessein avoué d'établir des relations d'amitié. L'agent anglais entreprit résolument le voyage de Tananarive, la capitale des Ovas ; — d'énormes difficultés de tout genre, une saison déplorable, des pluies continuelles, le débordement des torrents, le danger d'être pris entre deux rivières infranchissables, l'absence de chemins, la perspective de manquer de vivres, n'arrêtèrent pas l'intrépide officier. Le capitaine Le Sage trouva le pays magnifique, néanmoins la route était bien pénible ; pendant le trajet, plusieurs de ses compagnons succombèrent à la fatigue et aux atteintes de la fièvre, d'autres se traînèrent malades. Les indigènes, étonnés de voir des hommes blancs, les entouraient avec curiosité sans témoigner de malveillance ; mais, misérables, ils n'avaient rien à offrir, aucune assistance à donner. Dans les fonds, même dans les endroits unis, la marche était presque impossible sur le terrain détrempé par la pluie ; sur les pentes, il fallait s'accrocher ou se laisser glisser. C'était un désespoir pour les malheureux voyageurs ; aussi quelle joie tout à coup ! la petite troupe se voit en présence de messagers du roi Radama qui venaient à sa rencontre, amenant des bestiaux pour fournir des vivres pendant la route. Le souverain des Ovas promettait bonne réception, et exprimait le regret de ne pouvoir, par suite d'un incendie du palais et de la résidence de la cour, installer ses hôtes comme il l'eût désiré. En approchant de la capitale, l'agent britannique eut le plaisir de voir souvent des messagers qui venaient le saluer en apportant des provisions et des lettres du roi. Dans une dernière lettre, Radama s'informait si l'envoyé européen voulait attendre qu'il eût assemblé tout son peuple pour le recevoir, ou s'il préférait le trouver simplement entouré de ses soldats ; l'officier anglais, considérant son piteux équipage, se déclara pour la simplicité. A peu de distance de Tananarive, le capitaine Le Sage et ses compagnons furent assurés d'un aimable accueil d'une façon si galante qu'on s'en étonnait de la part du roi d'un état barbare. Quatre groupes, composés chacun d'une vingtaine de personnes, apparurent portant des rafraîchissements aux voyageurs ; tout ce monde appartenait aux familles les plus distinguées de la cour. Les femmes, vêtues d'un lamba d'un pourpre foncé, serré à la taille et retombant en plis gracieux qui faisaient ondoyer les franges, étaient parées de colliers, de chaînes d'argent, d'anneaux aux chevilles ; les hommes, ayant des parures semblables à celles des femmes, se distinguaient par une sorte de couronne d'argent sur la tête, un ceinturon muni d'une poche pour les amulettes et un mousquet élégamment façonné à la main. A quelques milles de la capitale se présentèrent une douzaine d'hommes tenant une petite chaise ; c'était le *tacon* destiné à l'agent britannique. Porté sur les épaules de vigoureux Malgaches et suivi des gardes du roi, le capitaine Le Sage franchit le reste du chemin d'une manière digne ; la foule se pressait pour le voir, le canon tonnait, une multitude de soldats avec le mousquet et la lance venaient l'entourer en dansant. Après ces témoignages d'allégresse, les coups de feu, nouveau signe de réjouissance, partirent de la ville et des montagnes environnantes. Les voyageurs, escortés de 7,000 à 8,000 soldats, avançaient lentement au milieu de la population entière répandue dans la ville et sur les collines voisines. Le cortège, parvenu dans Tananarive, s'arrête : le moment est solennel. Un ministre de Radama impose silence et annonce que le roi a donné le pays à son visiteur ; il demande au peuple s'il y consent, et le peuple répond oui. S'adressant à l'officier anglais, il lui déclare qu'il est le roi, qu'il jouit de l'autorité sur toute la contrée, que Radama règne seulement à Maurice. De telles formes de politesse devaient faire penser à l'Inde ou à la Perse. En arrivant à la résidence royale, l'agent britannique trouve le souverain sur une sorte de trône, entouré de ses ministres et d'hommes d'armes assis à terre sur des nattes. Après l'échange des salutations, le roi répète ce que le ministre a crié à haute voix sur la place publique, et, paraissant de même consulter l'entourage, il dit que Madagascar est le pays du capitaine Le Sage, et le sien l'île Maurice. L'envoyé de sir Robert Farquhar, ayant présenté ses lettres de crédit, le souverain exprima le plaisir que lui causait pareille visite. Pendant son séjour à Tananarive, l'officier anglais ne cessa d'être traité avec des égards infinis et une politesse exquise. Une maison fut construite pour les étrangers ; Le Sage, étant tombé malade, devint l'objet des attentions les plus assidues de la part de Radama. De son côté, l'agent britannique remit les présents dont il était chargé, et ne négligea aucun soin pour gagner l'amitié et flatter l'orgueil du roi. Au départ, Radama, marchant à pied, accompagna le capitaine Le Sage jusqu'à la distance de 3 à 4 milles ; plusieurs membres de la famille royale ne le quittèrent qu'après un trajet d'une quarantaine de milles. En fallait-il davantage pour rendre intarissables les éloges du caractère et de l'intelligence du roi des Ovas ? La réception faite à l'aide-de-camp de l'amiral Farquhar engagea les Anglais à redoubler d'efforts pour acquérir une influence considérable à Madagascar. Une cause louable devint un merveilleux prétexte pour le gouvernement britannique ; aux yeux du monde, il devait ne paraître préoccupé que d'une question d'humanité, l'abolition de la traite des esclaves. Depuis un temps immémorial, l'esclavage existait sur la Grande-Terre ; mais les seigneurs malgaches, doux en général envers les hommes qu'ils considéraient comme une propriété, ne les vendaient pas aux étrangers. On citait du moins peu d'exemples de ce commerce avant l'invasion des pirates sur la côte orientale de l'île. Depuis cette époque, le trafic s'était perpétué ; le chef de Tamatave, Jean René et son frère, le chef de Tintingue, étaient des marchands d'esclaves. De temps à autre, ils se rendaient à Tananarive, et achetaient des Ovas les prisonniers de guerre pour les conduire à la côte et les vendre. Le soin le plus apparent comme le désir le plus nettement formulé de l'amiral Farquhar était donc d'obtenir de Radama l'abandon d'un trafic adieux.

A la date du 12 septembre 1816, le gouverneur de l'île Maurice, écrivant au comte Bathurst, le secrétaire d'état d'Angleterre pour les colonies, annonce l'arrivée à Port-Louis de deux jeunes frères de Radama, événement de haute importance, capable de contribuer à la civilisation de Madagascar ; il déclare l'intention d'envoyer au roi des Ovas une personne particulièrement désignée, afin de conclure une paix durable et assurer la protection des Anglais établis dans l'île. « Un des sujets de sa majesté britannique, dit sir Robert Farquhar, un Français du nom de Chardeneaux, m'a été indiqué comme très apte à rendre ce service par suite de ses rapports intimes avec les différents chefs malgaches, et surtout à cause de l'amitié qui depuis nombre d'années l'attache à Radama. » Examinant l'avantage de se concilier les principaux chefs du pays, le gouverneur anglais poursuit en ces termes : « De tous ces souverains, le plus guerrier, le plus intelligent, celui qui a le plus de ressources est Radama ; son peuple est le plus industrieux de toutes les nations de Madagascar ; son armée compte 40,000 hommes pourvus d'armes à feu. C'est pourquoi l'amitié d'un chef si puissant ne peut manquer d'être éminemment utile pour avoir la sécurité et pour faciliter le commerce qui sera entrepris avec l'idée d'abolir le trafic des esclaves. » Le roi des Ovas est cité comme un homme avide d'instruction, sachant écrire sa langue en caractères arabes et apprenant à écrire le français en lettres romaines. Un missionnaire évangélique du nom de Le Brun, qui n'a jamais fourni l'occasion d'un grief aux habitants, qui se distingue par un tact extrême et se recommande par des succès obtenus dans l'éducation des Malgaches, paraît à l'amiral Farquhar convenir pour être envoyé à la cour du roi des Ovas et résider dans la capitale. De la sorte, le gouverneur de Maurice sera mis en rapport continuel avec l'intérieur de Madagascar, et pourra se servir utilement de l'amitié du prince. Le fin diplomate a l'assurance que le ministre de la Grande-Bretagne ne désapprouvera point ces ouvertures pacifiques qui n'occasionneront aucune dépense. Avec un orgueil peu dissimulé, il ajoute : « Mieux que les forts et les garnisons, des moyens de cette nature nous permettront d'étendre notre commerce ; à toute époque, les gouverneurs de ces îles se sont efforcés d'obtenir cette situation amicale qui maintenant nous est offerte par les princes indigènes. » Sir Robert Farquhar tient à se montrer fort supérieur à tous les chefs de nos anciennes colonies ; le souvenir d'une récente aventure semble s'être effacé de sa mémoire. L'année précédente en effet, un groupe d'Anglais avait voulu fonder une colonie dans le nord de l'île, au port Louky; des violences avaient révolté les indigènes, les étrangers avaient été massacrés, le gouverneur de l'île Maurice avait expédié un détachement de troupes pour venger les colons.

Néanmoins on ne songeait plus qu'aux moyens pacifiques, les circonstances étaient favorables. Les jeunes frères du roi des Ovas, confiés aux soins de M. Hastie, retournaient à Tamatave au mois de juillet 1817, accompagnés du précepteur qui avait toute la confiance de l'amiral Farquhar. Radama était venu à la côte pour recevoir ses frères ; mais, comme il avait une armée de 30,000 hommes, on juge aisément que son dessein était bien plus encore de faire reconnaître son autorité et de punir le chef d'Ivondrouna, frère de Jean René, pour une parole injurieuse qui avait été répétée. A l'origine, les Anglais s'étaient bornés à entretenir Radama de liens d'amitié et à faire des cadeaux propres à les cimenter. Maintenant la question du trafic des esclaves devait être soulevée ; M. Hastie fut chargé de la délicate mission. Pour se rendre à Tananarive, l'agent anglais se trouva dans l'impossibilité de suivre la même route que le roi et l'armée : il fallait choisir des chemins praticables pour les bêtes de somme et surtout pour des chevaux destinés au souverain des Ovas ; on attendait un merveilleux effet d'un tel présent. M. Hastie eut un voyage pénible ; les villages réduits en cendres, les cadavres gisant sur le sol, la misère des habitants, attestaient les désastres causés par la guerre. Aux approches de la ville, l'ambassadeur fut salué avec les démonstrations dont le capitaine Le Sage avait été honoré. La réception royale ne laissa rien à désirer. Radama n'était plus le Malgache de l'année précédente : vêtu d'un habit écarlate et d'un pantalon bleu, portant un chapeau de général et des bottes vertes, il se montrait fier d'un luxe qu'il devait à ses nouveaux amis. L'installation des visiteurs anglais fut l'objet de soins minutieux. Dans ses premiers entretiens avec le roi, M. Hastie se préoccupa de l'état déplorable des chemins et fit ressortir les avantages, des bonnes routes ; les raisons données eurent un plein succès. Un incident particulier aussitôt saisi amena la conversation sur la traite des esclaves. En cette occasion, l'agent britannique employa toute son éloquence. — Le gouvernement de la Grande-Bretagne ne voulait rien dicter à l'égard des coutumes du pays ; l'amiral Farquhar voyait dans le roi des Ovas l'homme le plus éclairé de sa nation, il était certainement le plus puissant ; l'abolition du trafic des esclaves augmenterait sa puissance comme sa richesse et immortaliserait son nom. Alors interviendrait un traité pour empêcher l'exportation de ses sujets. — Flatté, sinon convaincu, Radama ne témoigna que de la bonne humeur. C'était le moment de fortifier l'effet des paroles par quelques jolis présents ; une pendule fit l'admiration du souverain, qui, sans souci de la dignité royale, se mettait à danser quand elle sonnait. Une boussole et une petite mappemonde où le roi se plaisait à reconnaître la situation de Madagascar causèrent encore de bien agréables surprises. Radama monta un des chevaux amenés à son intention, et sa joie devint inexprimable ; après le premier essai d'équitation, il riait, criait, dansait, et déclarait n'avoir jamais éprouvé de sa vie un égal plaisir.

Les négociations paraissaient en bonne voie ; des marchands venus à Tananarive pour acheter des esclaves avaient été congédiés. Cependant des personnages, fort émus à l'idée de renoncer à une pratique qui les enrichissait, conseillaient au roi de ne pas céder, et l'agent anglais n'obtenait aucune réponse catégorique. Des scènes dont M. Hastie fut témoin pendant son séjour à la capitale de Madagascar permettent d'apprécier le caractère et les sentiments de justice des Ovas. Des criminels conduits devant un tribunal faisaient passer des pièces de monnaie aux juges et s'assuraient ainsi d'un acquittement. Les épreuves par le poison ou par tout autre procédé du même genre étaient en usage, comme chez les peuplades de la côte orientale dont Flacourt a décrit les mœurs. Une sœur du roi se trouva malade ; on soupçonna les quatre suivantes de la princesse d'en être la cause. Soumises à la stupide épreuve, trois des malheureuses filles furent déclarées coupables et condamnées à mort. M. Hastie essaya de les sauver, Radama demeura inflexible ; les prétendues criminelles, traînées sur un rocher, eurent les doigts, les bras, les jambes, le nez, les oreilles coupés avant d'être précipitées du haut en bas. La foule s'amusa beaucoup du spectacle ; les enfants ne se lassaient pas de jeter des pierres sur les corps affreusement déchirés. — Il y avait bien à faire pour civiliser de pareilles gens, même l'homme le plus éclairé de sa nation.

Impatienté de n'avoir aucune solution, M. Hastie témoigna souvent l'envie de quitter Tananarive ; le roi s'efforçait toujours de le retenir. Sortant un peu de sa réserve habituelle, Radama consentit à s'expliquer : il se montrerait disposé à mettre un terme au trafic des esclaves, si le gouvernement britannique voulait l'approvisionner d'armes et de munitions. Ces objets étaient fournis par des marchands français qui abandonneraient le pays dès l'instant que la traite ne serait plus permise ; alors des chefs puissants attaqueraient le territoire des Ovas, si l'on n'avait plus les moyens de les repousser. L'accord s'étant établi, l'agent anglais partit de la capitale au milieu de marques de respect, emmenant quatre jeunes gens confiés par le roi pour apprendre la musique militaire. A peine arrivé à Maurice, M. Hastie, ayant informé sir Robert Farquhar des résultats de sa mission, dut retourner immédiatement à Tananarive. Malgré son autorité absolue, le roi demeurait plein d'hésitation ; très enclin à trouver impossible l'exécution de la mesure qu'on lui proposait, il craignait aussi d'agir contre son intérêt particulier. Se tenant sur la défensive, il unit par rappeler à son interlocuteur qu'une fois il lui avait dit un mensonge.

La persévérance de l'envoyé britannique était infatigable. Le souverain des Ovas déclarait pouvoir sans doute renoncer personnellement au trafic des esclaves ; mais devait-il empêcher tout un peuple d'accroître sa richesse ? M. Hastie promettait que la richesse viendrait par d'autres sources. Un *kabar* étant convoqué, 5,000 personnes environ se réunirent pour exprimer l'opinion générale du peuple ; l'avis ne fut pas favorable à la proposition des étrangers. Presque aussitôt une circonstance changea la situation ;

Radama parut indigné de l'audace de ses sujets : plusieurs d'entre eux avaient demandé s'il était l'esclave des Anglais. Après de nouvelles conférences avec le roi, avec les ministres ou d'autres personnages qualifiés, l'entente s'établit : le traité était arraché. Par ce traité, la confiance et une amitié sincère doivent être perpétuelles entre les deux parties ; la vente des esclaves est prohibée dans tout le pays placé sous la domination de Radama ; comme dédommagement, le gouverneur de l'île Maurice s'engage à payer annuellement 1,000 dollars en or et 1,000 dollars en argent, à fournir 100 barils de poudre, autant de fusils anglais munis du fourniment, 10,000 pierres à fusil, des habits rouges, des pantalons, des chemises, des chapeaux de soldats, des paires de souliers au nombre de 400, 12 épées de sergent avec le ceinturon, 400 pièces de toile blanche et pareille quantité de toile bleue, enfin un habillement complet, chapeau et bottes, ainsi que deux chevaux pour Radama. On ne par le pas du don d'un officier anglais, qui sera général. L'armée du roi des Ovas allait donc être équipée comme les soldats du roi de la Grande-Bretagne : sir Robert Farquhar avait remporté la victoire ; il partit pour l'Angleterre, afin de mieux jouir de son triomphe.

Maintenant c'est à la nation anglaise de profiter des avantages du traité. La société des missionnaires de Londres ne perd pas une minute ; elle s'agite, elle conçoit de vastes projets, et sans retard elle envoie quelques-uns de ses membres à Madagascar. Au débarquement, des difficultés se présentèrent ; le général Hall, qui remplaçait l'amiral Farquhar, n'avait mis aucun obstacle à la traite des esclaves, il avait cessé d'entretenir des relations amicales avec le roi des Ovas. Fort irrité de la violation du traité, Radama se souciait peu de recevoir les missionnaires. Ceux-ci commencèrent par résider à Tamatave, ouvrant des écoles, allant faire de la propagande dans les villages de la côte. En 1820, l'amiral Farquhar était venu reprendre le gouvernement de l'île Maurice ; jaloux de restaurer la bonne harmonie avec le souverain de Madagascar, il songea de nouveau à charger M. Hastie de se rendre à Tananarive en compagnie d'un missionnaire, M. Jones. Radama fit savoir que son ancien ami serait bien accueilli. Sur cette assurance, les envoyés se mirent en route ; au pied de la colline qui porte la ville, ils reçurent l'ordre de s'arrêter ; deux ministres du roi, montés et costumés en officiers d'état-major, se présentèrent pour les informer de l'heure de l'audience royale. Presque aussitôt, M ; Robin, un Français remplissant près du roi les fonctions de secrétaire et d'aide-de-camp, vint les avertir du moment précis de l'entrée. De notables changements s'étaient opérés depuis les premiers voyages des Européens à la capitale du royaume des Ovas. Le palais était meublé et décoré avec élégance ; l'agent britannique allait ajouter à ce luxe, — il apportait un service de vaisselle plate. Une jolie route, déjà longue de plusieurs milles, avait été construite. Radama se plaignit avec amertume de la violation du traité ; pareille absence de bonne foi l'exaspérait. M. Hastie tenait son explication toute prête : tant que la sanction du roi n'avait pas été obtenue, la rupture de l'acte d'un prédécesseur n'était pas condamnable, — le général Hall avait en vérité un adroit défenseur ; — les relations établies par le gouverneur Farquhar se trouvant à présent autorisées, approuvées, ratifiées par le souverain de la Grande-Bretagne, il n'y avait plus de mécompte possible. Radama ne parut pas convaincu ; il avoua que son peuple avait créé un nouveau proverbe : « faux comme l'Anglais. »

Les conférences se multiplièrent. M. Hastie ne se lassait point de parler des sentiments désintéressés du gouvernement britannique en recherchant l'alliance de Radama ; il ne tarissait pas sur les avantages de cette alliance pour Madagascar. Des discussions de tout genre finirent par amener le succès de l'agent anglais : le traité fut ratifié par le roi des Ovas ; une proclamation annonça l'événement au peuple. Dans le même temps, le jeune souverain qui régnait à Tananarive reçut de magnifiques présents, les uns du roi d'Angleterre, les autres du roi de France ; ces derniers étaient apportés par un officier. Radama, considérant la bonne mine et la discipline croissante de ses troupes, voulut tenter une nouvelle expédition dans le nord-est de l'île contre les Sakalaves. Les Anglais l'encourageaient beaucoup à porter ses forces sur la côte orientale de l'île et à se déclarer maître de tout le pays ; c'était le moyen imaginé pour empêcher les Français de s'établir sur aucun point du littoral. Malgré l'amitié jurée entre les Anglais et les Ovas, la confiance n'était pourtant pas sans bornes du côté des Malgaches ; on rapporte que, dans les circonstances où Radama consentit à monter sur un navire de sa majesté britannique, des otages avaient été exigés. Après la conclusion du traité, le missionnaire, Jones, bien logé dans une maison neuve, ouvrit une école dans la capitale de Madagascar ; bientôt rejoint par sa femme et par un confrère amenant aussi sa femme et un enfant, il y eut un petit groupe d'instituteurs et d'institutrices qui voyait déjà en rêve la jeunesse malgache brillante et policée comme la fleur de la nation anglaise. La compagnie ne tarda pas à s'accroître et à étendre son influence ; chaque jour augmenta le nombre des élèves. Les membres de la mission s'appliquèrent à l'étude de l'idiome du pays ; la manière d'écrire les mots, jusqu'alors transmis seulement par la parole, fut déterminée. Avec l'approbation du roi, l'on convint d'adopter les consonnes de la langue anglaise et les voyelles françaises. Radama désirait que partout chaque lettre fût exprimée par le même son ; à cette époque, il chargea son secrétaire, M. Robin, d'instruire les officiers de l'armée et leurs femmes. Les écoles des missionnaires prirent assez rapidement une notable extension ; on voulut en ouvrir dans les principaux villages de la province d'Imerina. Tantôt les habitants semblaient charmés de voir l'instruction se répandre, tantôt la population s'irritait à l'idée que les enfants prendraient les manières et les usages des étrangers ; néanmoins, pendant plusieurs années, les instituteurs conservèrent l'espoir de faire des lettrés de bon nombre de Malgaches, particulièrement des Ovas, comme d'introduire dans le pays la plupart des arts manuels de l'Europe ; aux yeux des missionnaires, déjà s'offrait en perspective le règne de l'esprit de l'Angleterre sur le peuple de Madagascar.

II

En France, on était très peu renseigné à l'égard des progrès de l'influence anglaise sur la grande île africaine. Longtemps le défaut de ressources pécuniaires avait arrêté les entreprises. Une expédition, dirigée par M. Sylvain Roux, partit en 1821. Elle était à Sainte-Marie le 1er novembre ; bien accueillie des indigènes, elle obtint à prix d'argent la concession de trois villages. Malheureusement rien n'était préparé : les cases n'étaient pas habitables pour des Européens ; il fallut se contenter de mettre le matériel dans les villages et de s'établir sur l'îlot Madame, situé à l'entrée de la baie. Arriva la saison pluvieuse : les hommes tombèrent malades ; à la fin du mois de janvier 1822, un fort petit nombre de marins et d'ouvriers et parmi les officiers seul un enseigne de vaisseau avaient conservé la santé. Un mois après l'installation des Français s'était montré sur la rade de Sainte-Marie un bâtiment de la marine britannique : le commandant se présentait au nom des autorités du cap de Bonne-Espérance et de Maurice pour s'enquérir des projets de notre gouvernement ; M. Sylvain Roux avait répondu qu'il agissait en vertu des ordres du roi de France. Obéissant à une suggestion dont l'origine est demeurée incertaine, des chefs du peuple betsimisarake, qui occupe le littoral de la Grande-Terre, vinrent, au mois de mars 1822, assurer le commandant de Sainte-Marie d'une entière soumission. Soudain une proclamation lancée par Radama fut répandue sur toute la côte orientale pour déclarer nulle toute cession de territoire qui n'aurait pas été ratifiée par le roi des Ovas. Un corps de 3,000 hommes appuyait cette prétention ; bientôt il s'emparait de Foulepointe. Plusieurs officiers britanniques étaient dans les rangs de l'armée envahissante ; la présence de M. Hastie indiquait clairement la source des résolutions de Radama. Plaintes, récriminations de la part de l'agent français établi à Sainte-Marie restèrent inutiles ; la force manquait pour appuyer les paroles. M. de Freycinet, gouverneur de l'île Bourbon, put envoyer seulement quelques navires, afin de protéger le pauvre établissement ; frappé de l'incapacité de M. Sylvain Roux, il demanda le rappel de ce fonctionnaire. Celui-ci était mort lorsque la décision du ministre parvint à Bourbon. Un instant sans chef, la petite colonie mit à la tête des affaires un habitant de Sainte-Marie justement considéré, M. Adolphe Albrand, ancien professeur au collège de l'île Bourbon ; elle donna le commandement de la troupe à un jeune officier d'artillerie en congé, M. Carayon. M. Blévec, capitaine du génie, vint remplacer M. Sylvain Roux ; bientôt averti que Radama ne tarderait pas à se présenter sur la côte avec des forces considérables, il fut réduit à se mettre en état de défense à Sainte-Marie. En effet, au mois de juillet 1823, les troupes ovas arrivaient jusque sur la Pointe-à-Larrée, incendiaient Tintingue et Fondaraze, désolaient la contrée par un pillage général. M. Blévec protesta contre le titre de roi de Madagascar que Radama s'attribuait, contre toute occupation des points de la côte orientale dépendant de l'autorité du roi de France. La protestation, portée au roi des Ovas par un officier ayant pour interprète Jean René, ne changea nullement la situation, La réponse ne se fit pas attendre : l'île Sainte-Marie seule était reconnue propriété de la France ; à l'égard de la Grande-Terre, on laissait aux étrangers la faculté de s'y établir en se soumettant aux lois du royaume. Après le départ du souverain malgache, la tranquillité permit de continuer les travaux de défense militaire, de s'occuper de culture sur la petite île ; une colonie de 60 à 30 Français, qui s'était attaché une centaine d'indigènes, ne pouvait en) vérité se promettre de grandes entreprises. Sans bruit, sans longues discussions, on avait repris possession du fort Dauphin, dont il ne restait guère que des décombres ; la presqu'île de Tholangare ou Tolaonara étant éloignée des centres d'opérations des Ovas comme des Anglais, on devait croire à la probabilité d'y vivre en paix. En 1819, M. Albrand avait reçu la mission de visiter le territoire anciennement occupé par les Français. L'impression avait été favorable ; des observations d'un certain intérêt nous ont été transmises. Le caractère du pays a été dépeint pour la première fois d'une manière un peu saisissante. La contrée, dit M. Albrand, présente aux navigateurs qui abordent la côte de la province d'Anossi un aspect imposant : des montagnes hautes et découpées d'une façon bizarre s'élèvent brusquement à une lieue du rivage ; d'épaisses forêts couvrent les flancs de ces montagnes et s'étendent au pied jusqu'à peu de distance des bords de la mer où, semblable à un liséré, court une bande de sable marquant au loin, par sa teinte blanche, les sinuosités du littoral. A l'intérieur, c'est une vaste plaine de tous côtés circonscrite par une chaîne montueuse, d'une élévation rapide, où l'œil découvre à peine entre les nombreux villages des bouquets de bois rares et clairsemés. La position du fort Dauphin, avantageuse à certains égards, offre l'inconvénient d'être exposée aux brises du sud-est. L'extrémité de la presqu'île avancée au sud de la baie de Tolaonara, comme une jetée naturelle, est une défense contre la houle, insuffisante pour rompre entièrement l'effort des lames. L'entrée de la baie du fort Dauphin semble désignée par une roche où l'on remarque un effet curieux ; même dans les temps les plus calmes, la mer brisant sur cet écueil, l'eau jaillit en une gerbe pareille au jet d'une baleine. On s'étonne de la rareté des eaux courantes dans un pays aussi montagneux, la contrée n'a qu'une rivière un peu considérable, la Fantsaïra, large comme le Rhône au pont Saint-Esprit, coulant avec lenteur, fermée près de l'embouchure par une barre, et souvent obstruée par des sables. Selon M. Albrand, la fertilité du sol a été fort exagérée ; une argile rougeâtre, qui s'étend sur la grande plaine d'Anossi, offre une surface nue où seules quelques rizières éparses récréent les yeux du voyageur. Plusieurs fois on a parlé de la douceur du climat de Madagascar : pendant un séjour au fort Dauphin, du 4 août au 20 novembre, le narrateur a observé cinquante jours sereins et secs, vingt-deux jours pluvieux, les autres incertains et variables ; la plus forte chaleur, constatée le 5 septembre, a été environ 28 degrés centigrades ; la plus faible, le 5 août, 17 degrés centigrades. La croyance dans l'uniformité complète de la langue malgache sur toute l'étendue de la grande île s'est fort accréditée ; M. Albrand s'attache à montrer l'erreur. Les gens du sud et du nord, dit-il, ont une prononciation assez différente, et parmi les mots les plus usuels beaucoup sont particuliers à certaines provinces.

Sur ce territoire d'Anossi, dans les ruines de ce fort Dauphin tant de fois habité par nos compatriotes, se trouvait installé un petit poste français ne songeant guère sans doute qu'on s'occupait de sa présence jusqu'à Tananarive, jusqu'à Maurice, peut-être même jusqu'à Londres ; le poste se composait de 5 hommes commandés par 1 officier. Au mois de février 1825 apparut dans le voisinage une armée de 4,000 Ovas ; le général avertit l'officier français qu'il venait, par l'ordre de Radama, prendre possession du fort Dauphin. La prétention repoussée, on convint de part et d'autre d'attendre deux mois avant de faire aucun acte d'hostilité, afin de laisser au commandant du fort le temps nécessaire pour recevoir des ordres du gouverneur de l'île Bourbon ; mais on n'attendit pas. Le 14 mars, les Ovas se ruèrent sur la place ; le pavillon français fut arraché. Le gouverneur de Bourbon, ne disposant que de forces insignifiantes, dut renoncer à tirer vengeance de cette insulte. Jamais encore Radama ne s'était occupé de la partie méridionale de la Grande-Terre ; les instigateurs de l'agression étaient faciles à découvrir : des avantages pour le commerce et pour la construction des navires ne tardèrent pas à être généreusement donnés à la nation anglaise.

Tandis que Madagascar était le théâtre de luttes de tout genre, l'intérêt scientifique s'éveillait ; deux botanistes allemands qui résidaient à Maurice, MM. Bojer et Helsinberg, étaient venus dès l'année 1822 se livrer à des recherches sur la grande île africaine. A la même époque paraissait à Londres un ouvrage relatif à l'histoire de ce pays, à ses habitants, à ses productions naturelles. Une expédition sous le commandement du capitaine Owen était chargée de poursuivre la reconnaissance hydrographique des rivages les moins connus de l'Afrique, de tenter l'exploration de la partie nord de Madagascar, « où il est certain que les naturels sont favorables aux Anglais et où le bétail se trouve en grande abondance, » de visiter enfin telle étendue de la côte que le commandant jugera n'avoir point été exactement déterminée. Des astronomes et au moins un naturaliste furent embarqués. Dans cette campagne, accomplie pendant les années 1822 à 1824, la configuration de l'île de Madagascar, jusqu'alors tracée d'une manière très imparfaite, a été l'objet d'études remarquables ; des observations importantes sur le pays ont été consignées. Après avoir examiné le littoral de Tamatave et de Foulepointe, ainsi que les parages de l'île Sainte-Marie, l'expédition du capitaine Owen se dirigea vers la baie d'Antongil. Entre Tamatave et Tintingue, on le sait, la côte est basse, les montagnes se dressent à distance ; au nord, les rivages prennent un aspect plus abrupt, les collines viennent près de la mer, formant en certains endroits des promontoires rocheux d'une apparence surprenante ; les hauteurs couvertes d'une brillante végétation, les ruisseaux traversant les plaines verdoyantes, offrent un grand charme. Sur les bords marécageux de la rivière Maransetra s'élèvent des arbres magnifiques, et les ketmies (*hibiscus*) étalent de ravissantes fleurs. Au milieu de ces paysages des tropiques, la scène se trouve animée avec une simplicité pastorale lorsque les bœufs piétinent le sol trempé qui doit recevoir le riz. Quand on est parvenu tout au nord de la grande île africaine, on rencontre la baie de Diego-Suarez, — un des plus beaux havres du monde, s'écrient les navigateurs. Le pays d'alentour est habité par des Sakalaves absolument misérables ; les villages se composent de huttes basses couvertes de feuilles de palmier, maintenues à la charpente par des courroies, avec des portes si étroites que les explorateurs anglais sont rappelés au souvenir des loges où l'on enferme les animaux qui fournissent au Yorkshire une partie de sa richesse. Dans cette région humide, les lits, faits de bambous, sont élevés à quelque hauteur au-dessus du sol. Les habitants ont peu de chose à offrir autre que des bœufs, t ce qu'en échange ils souhaitent au plus haut degré, ce sont des armes à feu. Sur le côté oriental de la baie, le plus exposé à la tempête, les arbres rabougris et enchevêtrés présentent une barrière impénétrable pour un homme. Sur le rivage des colonnes de madrépores, — plusieurs d'entre elles semblables à des aiguilles creuses et cylindriques, — des roches de formation volcanique, fournissent des abris à des milliers d'animaux marins ; les yeux des jeunes officiers qui opèrent des sondages ne cessent d'être ravis par ces mollusques tels que les harpes traînant des coquilles splendides. Le capitaine Owen s'attache à déterminer d'une façon rigoureuse la longitude et la latitude du cap d'Ambre, l'extrémité nord de Madagascar ; puis, redescendant au sud, il recueille des informations sur un grand nombre de points, rectifie des erreurs commises par les premiers navigateurs, découvre une baie que les indigènes ne désignent par aucun nom et l'appelle port Leven, enfin arrive à l'îlot Madame. En passant, on note un trait des habitudes des Sakalaves voisins du port Louky, dont il y a, paraît-il, beaucoup d'exemples sur la grande île : les habitants ont à la fois résidence à la côte et dans l'intérieur ; au temps de la mousson du sud, ils se retirent dans les terres et cultivent le sol ; lorsque règne la mousson du nord, ils reviennent à la côte pour se livrer à la pêche. Ainsi, du mois de mai au mois d'octobre, les villages du littoral sont entièrement déserts.

Après l'achèvement d'une série d'études aux îles Comores, l'expédition scientifique se met en devoir de faire une reconnaissance de la côte occidentale de Madagascar, — opération importante, car les anciennes cartes ne donnent aucune idée juste des sinuosités, et les plus modernes sont encore fort inexactes. Les navires abordent l'entrée de la baie de Saint-Augustin ; bientôt entourés par des naturels venus dans des canots, visités par le roi, la reine, les principaux personnages de la contrée, les Anglais constatent chez cette population des sentiments de véritables sauvages. Ces Malgaches bruyants, grossiers, enclins à l'ivrognerie, avides de tout, mon iraient une incroyable dextérité pour s'emparer, malgré la surveillance, des objets qu'ils apercevaient. De Saint-Augustin, le capitaine Owen se porte à Tulléar, — une baie formée par un récif long et fort étroit qui Teste à sec pendant la marée basse. Un peu au nord, il gagne un groupe de petites îles où allait s'accomplir un événement tragique : deux jeunes officiers envoyés sur un îlot, afin de prendre quelques mesures angulaires, furent assassinés par des gens qui cherchaient des coquillages à la mer ; sur la carte, l'endroit a été appelé l'*Ile du Meurtre*. Toute la côte depuis Saint-Augustin jusqu'à la baie de Bouëni, située entre le 15e et le 16e de latitude, est presque uniforme, — basse, marécageuse, arrosée par des rivières dont les bords sont nus, flanquée d'une ligne de massifs de coraux qui reste découverte à marée basse ; l'aspect est triste. En quelques places, on observe tout un archipel de petites îles rocheuses offrant une grande variété de formes fantastiques. La rive ne présente à la vue que des arbres rabougris ; seulement au voisinage immédiat de la mer, on remarque parfois d'élégants casuarinas. La baie de Bouëni contraste d'une manière fort agréable avec cette portion du littoral ; les belles collines qui l'entourent et la tranquillité des eaux charment les yeux. La partie nord de la côte occidentale de Madagascar, dit le capitaine Owen, est découpée par une série de baies, de havres, de rivières admirables sous bien des rapports ; si le pays était civilisé et l'esprit commercial développé chez le peuple, elle serait fréquentée par des navires de toutes nations. Ces havres, à l'exception de celui de Bombétok, presque inconnus avant le passage du capitaine Inverarity en 1802, sont entièrement négligés. C'est à peine si par hasard y vient une péniche arabe pour se procurer du bois de sandal ou du bœuf conservé. La baie de Bombétok, vaste estuaire de plusieurs rivières, est rétrécie dans le milieu de façon à n'être plus qu'un simple canal où l'eau se précipite avec tant de violence qu'elle a creusé un abîme profond de 115 mètres. La côte en général est basse et couverte de végétation, mais en quelques endroits se dressent des rangées de hautes collines. Bombétok est un petit village ; au contraire Madsanga, assise sur la rive du nord presque à l'entrée de la baie, est une très grande ville, peuplée de Malgaches et des descendants des Arabes qui s'établirent en ce pays à une époque fort reculée. Madsanga était gouvernée par trois chefs égaux en puissance ; l'un malgache, l'autre arabe pour les deux parties de la communauté, le troisième pour les relations avec les étrangers. Cette situation venait d'être changée brusquement peu de jours avant l'arrivée de l'expédition anglaise ; à la tête d'une nombreuse armée, Radama s'était emparé de la ville. Les Américains fréquentaient beaucoup cette localité, préparant eux-mêmes sur place des viandes, du suif, des peaux, ils en chargeaient des navires ; tenant de petites boutiques approvisionnées des objets qui plaisent aux peuples primitifs, ils recevaient en échange les produits du pays qu'apportaient les indigènes. Le côté méridional de la baie est occupé par des Sakalaves, une tribu guerrière répandue sur de vastes espaces dans l'ouest et au nord de la grande île africaine. Pendant que les vaisseaux du capitaine

Owen se trouvaient à la baie de Bombétok, le lieutenant Boteler eut l'occasion de voir Radama ; il en a profité pour faire le portrait du roi des Ovas. A cette époque, le fameux conquérant, âgé de plus de trente ans, paraissait tout jeune ; de taille très médiocre, d'une figure fine et gracieuse, de manières défiantes à l'extrême, rien n'indiquait l'homme accoutumé aux fatigues de la vie militaire, beaucoup moins encore le guerrier heureux, l'idole d'un peuple endurci par les combats, la terreur des ennemis. Radama parlait et écrivait avec facilité l'anglais comme le français. Le mode de paiement adopté par les Ovas amusait singulièrement les officiers anglais ; des chaînes d'argent que l'armée avait apportées servaient de monnaie courante. Le soldat voulant faire une acquisition détachait un fragment de la chaîne, et, après l'avoir pesé dans une petite balance de cuivre, le remettait au vendeur.

L'expédition scientifique, poursuivant sa course au nord, vient explorer la baie de Mazamba, une profonde découpure irrégulière, qui ressemble d'une manière surprenante à la baie de Bombétok ; d'anciennes tombes encore respectées, sur l'îlot de Manza, attestent que le pays fut autrefois habité par des Arabes. Plus loin, c'est la baie de Narinda ; à l'entrée, vers le nord, se trouvent de petites îles qui offrent d'excellents mouillages, — la plus grande, Sancasse ou Sangadzira, est toute verdoyante ; une autre, Souhy, est une énorme roche inaccessible, haute de plus de 200 pieds. En face, la rivière de Lanza, après avoir formé une immense lagune, verse ses eaux dans la mer par un canal extrêmement étroit. L'étonnante profondeur de l'eau, l'aspect pittoresque des deux rives, rendent la scène fort curieuse. De Narinda, on découvre le pic de Matoula, qui domine les hautes montagnes d'alentour. Sur la rive orientale de la baie, les navigateurs ne se lassent de contempler les jolis makis noirs au ventre blanc, gambadant sur les branches d'arbres qui retombent au bord des précipices ; c'est un délicieux spectacle de voir ces mammifères pleins de grâce surgissant en l'air pour retomber sur une tige, exécutant avec une incroyable agilité des sauts effroyables.

En quittant Narinda, le capitaine Owen se porte sur un groupe d'îles volcaniques et l'inscrit sur la carte sous le nom d'îles Radama ; il atteint ensuite la pointe occidentale de Passandava, la baie la plus large et la plus profonde de la côte ouest de Madagascar. Le village de Passandava, situé à l'entrée de la baie, se compose de misérables huttes ; au temps de l'expédition anglaise, il était occupé par une petite garnison d'Ovas que le climat rendait malade. Le commandant, un major, dont le rang ne s'accusait que par un chapeau de paille et une épée à la main, gémissait de ne pouvoir se procurer un chapeau à plumes. Près du village commencent les montagnes qui entourent le pic inaccessible de Matoula, véritable chaos d'escarpements, de brèches, de déchirures, enfin tout le désordre grandiose produit par les actions volcaniques.

On touche à Nossi-bé, que depuis les Français ont appris à connaître ; le lieutenant Boteler, chargé de l'exploration d'une grande partie de la baie de Passandava, se montre ravi en présence des paysages pittoresques de cette grande île. Elle offre aux yeux, dit-il, une charmante variété de vallées fertiles, de collines abruptes, de montagnes superbes. Sur la côte de la Grande-Terre, ajoute-t-il, la variété n'est pas moins remarquable : c'est une succession de baies profondes et de passages qui la plupart peuvent être considérés comme d'excellents ports. On se dirige enfin sur l'archipel Minow ou plutôt Mitsiou, curieux, assemblage d'îles, de roches perpendiculaires, d'amas de coraux. La plus importante de ces îles, la grande Minow de la carte du capitaine Owen, la Nossi-Mitsiou des Malgaches, est d'une configuration toute singulière ; les navigateurs la comparent aux branches ouvertes d'un compas. A l'exception de deux ou trois groupes de coraux assez bas, ces petites îles sont hautes et constituées par des colonnes de basalte, droites ou courbées, formant la plupart des précipices et des pointes les plus hardies. Particulièrement au nord de la grande Mitsiou, plusieurs de ces colonnes ont un caractère, tout à fait imposant ; droites, élancées, longues de près de 20 mètres, avec des pans au nombre de quatre à six, elles s'adaptent si bien les unes aux autres que l'assemblage se présente comme une masse compacte. La dernière reconnaissance fut celle des îlots voisins du cap Saint-Sébastien. Les officiers détachés pour accomplir ces derniers travaux quittèrent Madagascar, afin de rejoindre à l'île Mombas les divers membres de l'expédition du capitaine Owen qui allait continuer les opérations scientifiques dans d'autres parages. Une œuvre de haute importance pour la géographie physique venait d'être exécutée ; pour la première fois, les contours de la Grande-Terre malgache et la position de la plupart des petites îles voisines se trouvaient tracés avec exactitude. En s'attachant à réaliser dans la science un progrès considérable, l'Angleterre montrait de tous côtés son pavillon aux peuples barbares, tandis qu'elle usait des ressources de la diplomatie pour accroître son influence politique et ouvrir de nouveaux débouchés au commerce.

III

Un instant, les colons et les résidents français s'attendirent à voir la puissance de Radama ébranlée. En 1825, deux révoltes éclatèrent contre les Ovas : l'une, chez les Betsimisarakes de Foulepointe, assez maladroitement suscitée par le gouverneur de Sainte-Marie, — l'autre, près du fort Dauphin, parmi les Antanosses. La première insurrection fut aussitôt réprimée ; la seconde mit en péril l'armée des Ovas, — le général dut solliciter l'intervention du gouverneur de l'île Bourbon pour faire parvenir des lettres à Radama et à Jean René. Se trouvant dans l'impossibilité de mettre à profit les circonstances, M. de Freycinet voulut paraître généreux ; il rendit au général malgache le service demandé. Croyant le moment propice, il écrivit à Radama ; c'était la proposition « de désigner, de part et d'autre une personne de confiance pour arriver à la conclusion d'un traité d'alliance et d'amitié. » Dans la réponse, où se laissait apercevoir l'inspiration des agents britanniques, le roi des Ovas, affirmant avec hauteur ses prétentions à la souveraineté exclusive de Madagascar, se déclarait disposé à recevoir dans Tananarive la députation qui serait envoyée pour la négociation projetée ; le gouverneur de Bourbon jugea inutile de s'en occuper davantage.

Au commencement de l'année 1826 mourut Jean René, le chef de Tamatave et de la principauté des

Bétanimènes. Son neveu, successeur désigné, le jeune Berora, étant au collège à Paris, Radama investit Coroller, un de ses grands officiers du gouvernement de la province sous l'autorité supérieure d'un autre général, d'un dévoûment bien éprouvé. Plus que jamais, les Français se virent exposés à tous les genres de vexation de la part des Ovas : ils reçurent l'injonction de ne point se présenter ailleurs qu'à Foulepointe ou à Fénérive pour acheter des denrées. Radama montrait une extrême intelligence ; quand il s'agissait de comprendre certains avantages de la civilisation européenne ; il avait établi la douane, mis des droits excessifs à l'entrée et à la sortie des marchandises, et, toujours gracieux envers ses bons amis, il avait donné la ferme des impôts à une maison de l'île Maurice. Le comte de Cheffontaines, qui remplaçait M. de Freycinet en qualité de gouverneur de l'île Bourbon, informa le ministre de la marine d'une situation qui était insupportable pour nos compatriotes et humiliante pour la France, disant avec sagesse : Il faut tout abandonner ou se mettre en mesure de se faire respecter. A Paris, les hommes d'état demeuraient beaucoup plus calmes, gênés par la pauvreté des ressources financières, mal instruits des événements qui se produisaient dans la grande île africaine, ils comptaient sur l'efficacité de petits moyens. Après avoir envoyé au Sénégal prendre deux cents Yolofs, on abandonnait à M. de Cheffontaines le soin d'apprécier si, avec cette force unie à un petit groupe d'indigènes et quelques soldats tirés des garnisons de Bourbon et de Sainte-Marie, on pourrait chasser de la côte orientale l'armée des Ovas. Le gouverneur et le conseil privé de Bourbon pensèrent que folle serait la tentative ; ils se bornèrent à indiquer le nombre et la nature des forces qui seraient indispensables, pour une entreprise sérieuse.

Le 27 juillet 1828 commence à se propager de Tananarive vers tous les points de la côte cette nouvelle inattendue : Radama est mort. On s'imagine l'effet prodigieux d'une telle annonce. Dans la capitale des Ovas, les uns pleurent le héros, orgueil de sa nation, le souverain qui les a comblés de faveurs ; les autres, mus soit par l'ambition, soit par la haine ou d'un maître cruel ou de la civilisation européenne, se réjouissent. Parmi les peuples vaincus et soumis renaît l'espoir de l'indépendance ; chez les étrangers, les sentiments les plus opposés se rencontrent : — ici, c'est la crainte de perdre l'influence acquise, là une sorte de joie à la pensée de saisir l'occasion de la revanche. A Tananarive, la succession est disputée : la reine-mère, plusieurs généraux, soutiennent les prétentions du jeune Rakotobe, neveu de Radama ; le peuple et l'armée se prononcent pour Ranavalona, l'une des femmes du conquérant. Ce parti l'emporte ; Ranavalona, reconnue souveraine, fait mettre à mort le jeune prince, le père, la reine-mère, — moyen d'en finir vite avec les compétitions. Dans le conseil de Bourbon s'agite le projet d'une attaque contre les Ovas au moment même des dissensions ; mais on reconnaît la nécessité d'attendre des renforts. Dès le premier mois de l'année 1829, une expédition se prépare en France, le capitaine de vaisseau Gourbeyre reçoit le commandement d'une flottille et de quelques centaines d'hommes de troupes ; de l'avis du conseil de Bourbon, il doit se présenter sur la côte de Madagascar d'une façon amicale, ne rien tenter avant d'avoir une réponse à la notification qui sera faite à la reine de l'intention du roi de France de faire occuper Tintingue, d'exiger la reconnaissance de nos droits sur le fort Dauphin et sur toute la partie de côte orientale comprise entre lvondrou et la baie d'Antongil, enfin de lier des relations de commerce et d'amitié avec les peuples de Madagascar. Une députation envoyée près de Ranavalona portera ces réclamations en même temps que des robes et des cachemires dignes d'une souveraine civilisée, sans compter divers présents pour les principaux officiers. Le 9 juillet, M. Gourbeyre arrive sur la rade de Tamatave ; le lendemain, entouré d'un état-major, il descend sur la Grande-Terre et visite le chef de la province, annonçant une mission de paix et des cadeaux pour la reine. Les dispositions n'étaient pas favorables aux étrangers. Pendant sa visite, le chef de l'expédition française, remarquant de la part des Ovas de grands préparatifs de défense, renonce à envoyer des officiers à Tananarive ; il se borne à transmettre par écrit les réclamations, fixant à vingt jours le délai pour avoir la réponse. Afin d'utiliser cette période de trois semaines, il porte sa division à Tintingue, fait élever sur ce point des fortifications et placer des canons en batterie. Des officiers ovas ayant apporté une lettre de leur général en chef qui désirait être informé des motifs de notre prise de possession de Tintingue, M. Gourbeyre se contenta de rappeler les droits de la France et d'insister sur la réparation des griefs qu'on reprochait au gouvernement des Ovas. Laissant un navire et une garnison à Tintingue, il revient à Tamatave, et se prépare au combat. Le prince Coroller ayant affirmé qu'il n'avait pas reçu de la reine Ranavalona les pouvoirs nécessaires pour traiter, un officier français lui remet une déclaration de guerre accompagnée d'une lettre annonçant l'ouverture des hostilités.

Aussitôt le feu commence, le fort est détruit, les Ovas abandonnent les positions ; un détachement de troupes mis à terre les poursuit et achève le succès. Les Betsimisarakes offrent de se soulever contre les Ovas ; de même que dans d'autres circonstances analogues, on se trouve dans l'impossibilité de laisser une force qui permettrait de profiter de ces dispositions favorables à notre cause. M. Gourbeyre se dirige sur Foulepointe ; ici nos soldats subissent un échec, mais à la Pointe-à-Larrée les Ovas qui menaçaient Tintingue et Sainte-Marie sont culbutés.

Ces actes vigoureux avaient inspiré la terreur dans la province d'Imerina. Deux envoyés de la cour de Tananarive, accompagnés du prince Coroller et du général qui commandait l'armée des Ovas sur la côte orientale, vinrent solliciter une entrevue du chef de l'expédition française ; ils apportaient des lettres de la reine et témoignaient le désir de conclure la paix. Ils promirent que l'on accorderait les réparations dues à la France, et s'en allèrent emportant un traité dont la ratification ne semblait pas douteuse. Cette rectification refusée néanmoins par Ranavalona, selon toute apparence à l'instigation des missionnaires anglais, il fallut songer à reprendre les hostilités. A la demande de M. Gourbeyre et du conseil de Bourbon, le ministre de la marine résolut d'expédier une force imposante : intimider les Malgaches, obtenir sans nouveau combat les satisfactions réclamées, c'était le désir et l'espoir du gouvernement français. Sans attendre les renforts annoncés, M. Duval-Dailly, qui venait de succéder au comte de Cheffontaines, se croyant certain des dispositions pacifiques de la cour de Tananarive, se hâte maladroitement d'envoyer un agent près de la reine. M. Tourette, secrétaire de l'administration de Sainte-Marie, est choisi pour remplir cet office ; M. Rontaunay, un industriel qui à Mahela, près de Tamatave, exploitait une sucrerie dont il partageait les bénéfices avec Ranavalona, est chargé, sans caractère officiel, de se rendre à la capitale et d'employer son influence personnelle pour le succès de la négociation. M. Tourette partit de Tamatave avec une escorte fournie par le prince Coroller ; mais, avant d'être arrivé à sa destination, le premier ministre de Ranavalona se présente et s'annonce comme ayant tout pouvoir pour conférer sur l'objet de la mission. Malgré une insistance extrême pour continuer son voyage, l'agent français fut obligé de revenir. M. Rontaunay alla jusqu'à Tananarive sans être beaucoup plus heureux ; il ne parvint pas à être admis auprès de la reine. Peu de temps après, le premier ministre de la souveraine des Ovas mourut assassiné ; alors on eut la preuve que cet homme, véritable faussaire, n'avait rien communiqué ni aux autres ministres, ni à la reine. M. Gourbeyre se rendit en France, afin d'éclairer le ministre de la marine ; mais la révolution de juillet 1830 était survenue, le nouveau gouvernement se souciait peu des affaires de Madagascar. On rappela les bâtiments de guerre de l'expédition et toutes les troupes excédant l'effectif des garnisons ordinaires de Sainte-Marie et de Bourbon ; l'évacuation de Tintirigue fut ordonnée. On demeure stupéfait autant que navré en voyant avec quelle légèreté les entreprises étaient tour à tour engagées et abandonnées.

Après le départ des forces françaises, les relations commerciales continuèrent sur la côte comme avant les hostilités. Tout à coup se réveille l'idée de s'établir sur la grande île africaine. L'amiral de Rigny, devenu ministre de la marine, s'était engoué de la baie de Diego-Suarez : en 1833, il expédie une corvette et des commissaires qui devront examiner l<e littoral ; — on y gagna d'avoir le plan exact de la remarquable baie, levé par M. L. Bigeault, lieutenant de vaisseau. Les commissaires, très charmés du pays, jugèrent tout simple de faire la conquête de Diego-Suarez sous prétexte d'en chasser les Ovas, qui étaient des envahisseurs. L'avis, déféré au conseil d'amirauté, ne fut pas adopté ; à cette occasion, on décida même que les dépenses imposées par la colonie de Sainte-Marie seraient considérablement réduites.

Si les efforts mal dirigés des Français sur Madagascar n'eurent que d'assez tristes résultats, les avantages obtenus par les Anglais ne tardèrent pas à être perdus. Jusqu'aux derniers moments de la vie de Radama, tout allait au gré de la puissance britannique. La société des missionnaires, qui s'était beaucoup accrue, avait pris une influence extrême dans la province d'Imerina ; s'appuyant des désirs et de la volonté du roi, elle retenait dans les écoles un nombre d'élèves toujours croissant, elle travaillait avec succès à l'extension et au perfectionnement de l'agriculture comme au développement des travaux publics. Radama marquait les derniers instants de sa carrière par l'entière soumission de la plus grande partie des Sakalaves et par l'envoi dans le sud de l'île d'une armée qui s'empara du pays de Vangaïdrano et commit les plus ignobles excès. M. Hastie vint à mourir dans sa résidence de Tananarive ; ce fut le premier événement funeste pour les Anglais. On ne remplace pas un homme d'une telle persévérance, d'une pareille énergie, d'une semblable habileté. Cependant les missionnaires, assurés des sympathies du roi, ne pouvaient craindre encore de voir leurs succès interrompus. Depuis plusieurs années, ils regrettaient de manquer d'une imprimerie ; la presse tant désirée fut introduite à Tananarive avec tous les engins nécessaires à la typographie. Malheureusement l'imprimeur, presque aussitôt atteint de la fièvre, ne tarda point à succomber. L'événement terrible fut la mort de Radama. En montant sur le trône, la reine Ranavalona instruisit par un message les membres de la mission et les autres étrangers de son intention d'encourager la poursuite de l'œuvre commencée ; mais, soit défaut de sincérité de lapait de la reine, soit influence prépondérante de certains conseillers hostiles, les actes du gouvernement ne permirent pas de douter que les temps heureux étaient passés pour les Anglais qui résidaient à Madagascar.

Le successeur de M. Hastie près la cour de Tananarive fut informé très officiellement que la reine se refusait à le recevoir en qualité d'agent du gouvernement britannique, et quelle pensait n'être liée en aucune manière par le traité de Radama. L'envoyé anglais n'eut donc plus d'autre soin à prendre que d'annoncer son départ ; une réponse fort peu courtoise indiquait que rien ne serait plus agréable. M. Lyall ne put quitter la capitale, sans subir d'affreuses avanies. Une multitude de peuple suivant une idole portées au bout d'une longue perche vint se ruer sur la maison du consul, traitant de sorciers l'agent britannique et ses fils, elle les obligea de se retirer tout de suite dans un village éloigné de quelques milles. Des serpents apportés dans un grand sac avaient été lâchés sur le terrain, comme devant être les exécuteur de la vengeance de l'idole Ramahavaly. A la fin du deuil national, c'est-à-dire douze mois après la mort de

Radama, eut lieu le couronnement de la reine. La cérémonie se fit avec une pompe extraordinaire ; on voulait offrir au peuple un imposant spectacle. Couverte de riches ornements, Ranavalona, après avoir reçu la consécration, dit en prenant en main les idoles : « Vous m'avez été données par mes prédécesseurs, je mets ma confiance en vous. » La déclaration n'était pas de nature à rassurer les missionnaires protestants.

L'armée du sud, souillée de crimes, revint vers cette époque, traînant à sa suite des captives, les unes aux autres attachées sur une longue file, la corde au cou ; c'étaient les femmes, les sœurs, les filles des plus nobles parmi les vaincus. Les Européens témoins de ce monstrueux spectacle frémissaient d'indignation. Les membres de la mission évangélique ne tardèrent pas à se sentir profondément découragés. Chaque jour resserrés davantage dans leur action, ils voyaient le culte des idoles restauré, toutes les décisions du gouvernement prises en vertu des ordres d'une idole renommée ; l'épreuve par le poison était sans cesse appliquée de façon à se débarrasser des gens qui ne plaisaient pas. Au milieu de circonstances si pénibles, le fondateur de la mission de Tananarive ne songea plus qu'à revoir son pays natal. Ses confrères ne jouirent plus que d'une certaine tolérance : ils pouvaient encore opérer des conversions, répandre les livres saints traduits en langue malgache ; mais des signes de conflits prochains se manifestaient : devenus nombreux dans la province d'Imerina, les chrétiens se trouvaient exposés à entendre des paroles de mépris de la part des idolâtres. Enfin la reine et les ministres, s'alarmant des progrès du christianisme, interdirent l'arrivée ou le séjour de nouveaux missionnaires ; à l'égard de ceux qui depuis de longues années habitaient Tananarive, on gardait quelques ménagements, parce qu'ils avaient fait connaître l'art de travailler le bois et le fer, ainsi que la construction de certaines machines.

Le 26 février 1835, les missionnaires furent appelés pour entendre une communication de la reine. Ranavalona déclarait les Européens libres de pratiquer leur religion et de conserver leurs usages ; seulement elle ne permettait pas qu'on changeât les coutumes de ses ancêtres, et jugeait coupables ceux qui violaient la loi du pays. Le service religieux du dimanche, la pratique du baptême, les réunions, étaient désormais défendus. « S'il s'agit seulement, disait la reine, de la connaissance des arts et des sciences qui seront profitables à mes sujets, alors instruisez, car c'est pour le bien. » Il y avait dans ces paroles une leçon bonne à recueillir pour les nations et les gouvernements d'Europe qui prétendent introduire la civilisation chez les peuples réputés idolâtres. Une grande assemblée populaire ayant été convoquée dans la province d'Imerina, un édit de la reine signifia les résolutions prises touchant la religion des étrangers. Les personnages de la cour qui avaient embrassé le christianisme furent dégradés ou placés dans des rangs inférieurs. Beaucoup de chrétiens cessèrent toute pratique ; d'autres, vraiment convertis, voulurent persévérer. Les missionnaires ne perdirent pas courage absolument, — ils conservaient le droit d'enseigner la lecture, l'écriture et l'arithmétique. La persécution devint continuelle, violente, acharnée. Alors les membres de la mission, incapables de lutter plus longtemps, quittèrent Madagascar à la fin de l'année 1835 et au commencement de l'année 1836, croyant le christianisme déjà suffisamment enraciné parmi les

Ovas pour n'être pas détruit ; mais la fureur redoubla contre les malheureux élèves des étrangers, on ne compta plus les victimes. Le récit de la persécution des chrétiens de Madagascar a été tracé dans tous ses détails par d'anciens missionnaires. Cette reine Ranavalona, impitoyable quand il s'agissait des affaires religieuses, désirait néanmoins procurer à son peuple les bienfaits de la civilisation. Un de nos compatriotes, M. Laborde, dont l'histoire a été fort travestie par Mme Ida Pfeiffer, en est le vivant témoignage. D'après les renseignements que M. Grandidier a obtenus à la meilleure source possible, on peut aujourd'hui présenter les faits avec exactitude. M. Jean Laborde, né à Auch vers 1810, partit tout jeune encore pour un voyage au long cours. Au retour de l'Inde, le navire, surpris par un ouragan furieux, se trouva jeté sur la côte de Madagascar, près d'Ampasiméloke, par 22° 18' de latitude sud. Accueilli d'une manière affable par le commandant ova du fort d'Ambohinero, sur les bords du Matitanane, le jeune Français émerveilla les barbares ; il avait une énergie, une intelligence, un esprit d'invention, une gaîté, qui exerçaient un singulier prestige. Selon la coutume, la reine, promptement instruite du naufrage du navire et de la présence d'un tel étranger, fit parvenir à M. Laborde l'invitation de se rendre à la capitale. Avoir vingt et un ans et se trouver appelé par une reine, l'aventure était charmante ; M. Laborde ne se fit pas prier deux fois pour venir à Tananarive. Reçu avec enthousiasme, il gagna toutes les sympathies par une complète droiture de caractère, par un esprit conciliant et avisé, par une conduite digne et ferme inspirant le respect. Les missionnaires anglais avaient donné aux Ovas quelques leçons sur l'art de forger le fer ; un Français particulièrement, M. Legros, avait fourni l'instruction sur l'art du charpentier ; en réalité, c'était encore peu de chose. M. Laborde apprit à ces Malgaches à tailler la pierre ; il fit construire les premiers édifices en granit, des tombeaux dont l'architecture serait remarquée en Europe, d'énormes bâtiments pour des usines ayant une longueur de 80 mètres sur une largeur de 25 mètres, des hauts-fourneaux. Un peu à l'est de Tananarive, dans le désert, il créa une ville, Soatsimananpiovana, qui eut 10,000 ouvriers chaque jour au travail, et seul il dirigeait un pareil monde. S'occupant à la fois de tous les arts industriels de la vieille Europe, il avait recherché avec un soin extrême les produits naturels du pays qui pouvaient être utilisés. M. Laborde produisait de la fonte et de l'acier, il fabriquait des canons, des mortiers, des bombes, des grenades, de la poudre, des fusées à la congrève, des pièces d'artifice, des sabres, des épées, des fusils. La fabrication du verre, des briques, des tuiles, de la faïence, des poteries, du savon, de la chaux, du charbon de bois par la méthode européenne, du charbon animal pour la raffinerie, de l'alun, du sulfate de fer, de l'acide sulfurique, de l'acide nitrique, de la potasse, de l'indigo par les procédés en usage dans l'Inde, du bleu de Prusse, s'exécutait sous cette habile et puissante direction. On élevait des vers à soie de Chine, on blanchissait la cire, on raffinait le sucre dans la ville industrielle de Madagascar. M. Laborde avait introduit les paratonnerres, et il en avait fait comprendre à la reine l'utilité.

L'esprit demeure confondu en présence de pareils résultats obtenus à l'aide de sauvages convertis par l'exemple et par une volonté inébranlable en ouvriers habiles. Si la France du XVIIe ou du XVIIIe siècle avait eu à la tête de l'établissement colonial de Madagascar un chef comme M. Laborde, il est permis de croire que le succès aurait été grand. Notre compatriote ne s'est pas signalé seulement par ses travaux industriels ; choisi comme parrain de l'héritier de Ranavalona pour la cérémonie de la circoncision, il a fait l'éducation morale du jeune prince ; les qualités qu'on a reconnues chez Radama II venaient en partie des leçons et des excellents conseils de M. Laborde. Cet homme de bien rencontra cependant un ennemi ; un favori de la reine, ministre tout-puissant, parvint à l'exiler en 1857. M. Laborde avait travaillé vingt-six ans pour la prospérité de son pays d'adoption ; lorsqu'en 1861 il revint à Madagascar, tout était perdu, il ne restait que le souvenir de l'œuvre gigantesque. Aujourd'hui le voyageur qui traverse Soatsimananpiovana contemple des ruines, et, sous l'impression du plus triste sentiment, il se dit que le mouvement et la vie du monde s'arrêtent dès que l'intelligence a disparu.

Après le départ des missionnaires anglais, la cour de Tananarive se montra très décidée à vivre dans un isolement aussi complet que possible. En 1837, sur la foi de certains avis mal fondés, l'amiral Duperré, alors ministre, eut l'idée d'envoyer près de la reine Ranavalona un capitaine de la marine proposer un traité de commerce et d'amitié. L'agent français se convainquit de la ferme volonté du gouvernement de Madagascar de ne se lier en aucune façon avec les étrangers. Les Européens établis sur la côte se plaignaient de vexations incessantes exercées par les Ovas. Deux navires anglais et deux navires français se rencontrèrent en 1838 sur la rade de Tamatave ; sans s'être concertés, les gouverneurs de Maurice et de Bourbon avaient expédié des bâtiments de guerre, afin d'obtenir des réparations. A ce moment, l'alarme ne fut guère moins grande chez les négociants européens que parmi les indigènes ; en cas d'attaque, d'après l'ordre de la reine, les habitations des étrangers devaient être livrées aux flammes. En effet, la nuit, l'incendie s'alluma ; il se serait promptement étendu sans les secours que fournirent les marins. Le jour suivant, le gouverneur ova consentit, donner des garanties pour l'avenir ; un peu de sécurité était rendu aux commerçants.

L'attention se trouva portée sur un point de Madagascar dont les Européens ne s'étaient pas encore occupés. Les Sakalaves du nord-ouest, traqués par les Ovas, abandonnant la Grande-Terre au mois de mai 1839, se réfugièrent, au nombre de. 5,000 à 6,000, avec leur reine à Nossi-Bé. Dans la même année, un navire français vint mouiller dans les eaux de l'île qui avait autrefois causé l'admiration du lieutenant Boteler. M. Passot, capitaine d'infanterie de marine, était chargé d'une exploration de Nossi-Bé ; les chefs sakalaves et la reine Tsioumeik, redoutant encore les Ovas, demandèrent à cet officier d'informer le gouverneur de Bourbon du désir qu'ils avaient de se mettre sous la protection de la France. M. de Hell, qui dirigeait l'administration de l'île Bourbon, accueillit cette ouverture. En 1840, M. Passot revint à Nossi-Bé, et le 14 juillet il signait la convention. La reine cédait à la France tous ses droits de souveraineté sur le Bouëni et les îles voisines. L'année suivante, Nossi-Bé reçut un commandant particulier et une garnison ; des habitants de Maurice et de Bourbon ne tardèrent pas à se rendre sur l'île, désormais bien défendue. L'œuvre de colonisation fut tout de suite en bonne voie.

Sur la côte orientale, depuis plusieurs années, les traitants européens subissaient une foule d'avanies ; les plus riches achetaient un peu de repos par des bassesses. Au mois de mai 1845, sans motif avoué, on publia un ordre de la reine Ranavalona frappant d'expulsion tous les étrangers qui ne se soumettraient pas à certaines exigences humiliantes. C'était un procédé simple, imaginé pour en finir avec des dettes contractées par des chefs malgaches envers les commerçants et pour saisir les propriétés. Averti par des rapports officiels, le commandant de la station française des côtes orientales d'Afrique, M. Romain-Desfossés, expédia aussitôt un de ses vaisseaux, qu'il ne tarda pas à rejoindre en rade de Tamatave ; il y trouva un navire anglais qui était venu dans le même dessein. Aux réclamations, les chefs de la côte se contentèrent de répondre que l'ordre de la reine était formel. Tontes les tentatives de M. Romain-Desfossés et du capitaine Kelly, de la marine britannique, pour faire parvenir des lettres soit à la reine, soit au gouverneur de Tamatave, furent inutiles. Les malheureux commerçants européens n'eurent plus d'autre ressource que de traîner jusqu'au bord de la mer les marchandises et les objets de valeur, de les charger sur les chaloupes et de s'embarquer ; ils virent emporter par les Malgaches ce qu'ils avaient laissé. Les Ovas étaient pleins de confiance dans leurs travaux de défense, surtout dans un fort en pierre construit depuis peu par des Arabes de Zanzibar. Les bâtiments de guerre français et anglais, agissant de concert, criblèrent de bombes et d'obus les fortifications de Tamatave. Les ravages étant jugées considérables, des colonnes de débarquement envahirent les ouvrages entamés, et tuèrent un grand nombre des défenseurs. Après ce châtiment, bien faible en réalité et sans autre résultat que l'abandon forcé du pays par les commerçants, les navires, mettant à la voile le 17 juillet 1845, longèrent la côte afin de recueillir les Européens qui ne voudraient pas demeurer exposés aux insultes et aux vengeances des Malgaches. Pour les Anglais et les Français, le sort était pareil ; mais les premiers éprouvaient une perte plus grande, — ils comptaient une trentaine de navires constamment employés à faire le voyage de Madagascar, les Français n'en avaient pas plus de huit.

IV

Pendant la période qui commence avec les premières relations entre les Européens et les Ovas, et qui finit avec l'expulsion des étrangers, des observations de plusieurs genres et des recherches scientifiques d'un haut intérêt ont été faites dans la grande île africaine. Une province centrale, des régions du nord, des peuples inconnus aux explorateurs du XVIIe et du XVIIIe siècle, ont été les sujets d'études particulières. Les membres de la mission anglaise et divers voyageurs avaient recueilli de nombreuses informations ou s'étaient livrés à des investigations sur la nature du pays. Ainsi, à l'aide de documents encore nouveaux, le révérend William Ellis a composé en 1838 une histoire de Madagascar, qui conserve même aujourd'hui une importance exceptionnelle parmi tous les écrits relatifs à la Grande-Terre. Comme le remarque l'auteur estimé d'une notice sur la géographie de ce pays, M. Eugène de Froberville, l'ouvrage ne comprend guère que l'histoire d'une province, mais il s'agit du peuple qui s'est révélé dans le siècle actuel, de la contrée qui a été parcourue par les Européens à une époque récente ; c'est un ensemble de faits digne de toute notre attention.

Dès le temps où il devint possible de visiter une portion de l'intérieur de Madagascar, plusieurs voyageurs un peu familiarisés avec la science ont indiqué les grands traits géologiques de l'île africaine. Ils ont constaté d'une manière générale la présence des formations primitives, les granits et les blocs de quartz. L'argile a été observée sur de vastes espaces, dans le pays des Betsileos, situé au sud de la province d'Imerina ; on a découvert des ardoises excellentes pour faire des toitures. Le silex, la calcédoine, le calcaire renfermant de beaux échantillons de marbre, ont été vus dans diverses régions. Sur des étendues considérables dominent les roches d'origine volcanique ; en beaucoup d'endroits, le sol est formé d'une terre ferrugineuse et de la désagrégation des laves ainsi que de dépôts d'alluvion. Certains échantillons évidemment de formation carbonifère ont montré la probabilité de l'existence de la houille dans quelques parties de l'île. Sous le rapport de l'abondance du fer, le pays des Ovas n'est pas moins bien partagé que les districts voisins de la côte ; à l'ouest de la capitale, le minerai se montre à la surface du sol, seulement on a peine à l'utiliser, le combustible fait défaut. Les pyrites, très communes, fournissent une ressource inépuisable pour se procurer le soufre ; le nitre n'est pas rare sur les berges de plusieurs lacs où il offre à la vue l'apparence de la gelée blanche ou du grésil. De l'oxyde de manganèse avait été trouvé à 80 kilomètres environ au sud-ouest de Tananarive. Cette sorte de plombagine propre à vernisser les vases de terre, signalée par Flacourt, avait été remarquée dans le centre de l'île, ainsi que plusieurs sortes d'ocre employées par les Malgaches pour colorer en jaune les murs extérieurs des maisons.

Lorsque nous avons écouté les voyageurs qui avaient exploré la côte orientale de la Grande-Terre, nous n'avons entendu parler que de pays fertiles, que de végétation magnifique, que de produits délicieux rendant à l'homme la vie facile. Si maintenant nous prêtons l'oreille aux récits des membres de la mission anglaise établie à Tananarive et surtout de M. James Cameron, qui ont parcouru le centre de l'île, un tout autre tableau nous sera présenté. La côte de l'est, on le sait, est basse, presque unie, à l'exception de la partie méridionale, la province d'Anossi. Eu beaucoup d'endroits, les montagnes s'élèvent brusquement à la distance de 50 ou 60 kilomètres du rivage ; alors ce ne sont plus que montagnes et collines de hauteurs infiniment variées, prenant toutes les directions jusqu'au moment où l'on découvrira un plateau. En effet, d'immenses plaines existent dans quelques régions, — tristes solitudes où le regard embrassant l'espace est à peine arrêté par un groupe de végétation. Le voyageur qui part de Tananarive, s'acheminant vers l'ouest, après avoir franchi la limite du pays des Ovas, marchera pendant une semaine au milieu du désert avant d'atteindre quelques villages voisins de la contrée qu'habitent les Sakalaves. Vers le centre de l'île, plusieurs montagnes atteignent des proportions considérables, — de 2,500 à 3,500 mètres d'après la première évaluation des explorateurs anglais. Les plus remarquables sont dans la province d'Imerina l'Angavo, où prend sa source la rivière qui arrose les environs de Tananarive, aux confins sud-ouest du pays des Ovas le massif d'Ankaratra, — un amas de montagnes, dit M. Cameron, qui domine toute la contrée. En général, les sommets sont des blocs de basalte durs à l'intérieur, désagrégés à la surface et rendus terreux par l'action des agents atmosphériques. Lorsque, suivant une chaîne qui court au nord-ouest, on atteint un lieu du nom de Kiotrakiotra, on est frappé du changement dans la nature des roches ; ce sont alors des masses de granit et de petits fragments de quartz. D'énormes roches semblent se détacher du terrain ; l'une d'elles, projetée horizontalement, forme une caverne spacieuse, où les voyageurs trouvent un abri. Au voisinage, les yeux demeurent ravis en présence d'un spectacle à la fois grandiose et infiniment pittoresque. C'est une étroite vallée, profonde de 150 mètres, que traverse un cours d'eau : ici, la rivière se montre découverte ; plus loin, elle est perdue sous les verts arbrisseaux qui garnissent les bords ; des oiseaux de divers genres animent ce tranquille séjour. A côté, entre des roches gigantesques s'avançant au-dessus d'un ravin, des buissons touffus offrent une vigueur et une variété peu ordinaires à la végétation de la partie centrale de Madagascar. Dans les traités de géographie, on affirme que la grande île africaine est traversée du nord au sud par une chaîne de montagnes formant une sorte de crête ou d'arête ; sur les cartes, la prétendue chaîne est figurée en toute conscience. C'est la pure invention d'un géographe : jamais aucun des anciens explorateurs n'a parlé de cette crête continue ; il y a un demi-siècle, les membres de la mission anglaise, qui avaient visité une partie de la région centrale de la Grande-Terre, ont déclaré le fait inexact, — l'erreur n'a pas été déracinée.

Les lacs sont en nombre à Madagascar ; plusieurs d'entre eux, d'une étendue considérable, parsemés de petites îles, bordés d'une riche végétation, donnent au pays un charme extrême. Dans la province d'Imerina, le lac Tasy, à l'ouest de la capitale, est renommé pour la pêche. Près de la côte orientale, les lacs, qui se succèdent, sont fort appréciés des Européens. Pour aller de Tamatave à Tananarive, il faut suivre le littoral sur une longueur de près de cent kilomètres dans la direction du sud. Des pirogues ou des canots permettent d'accomplir presque tout le trajet sans fatigue ; c'est à Andouvourante que le voyageur abandonne le voisinage de la mer pour pénétrer dans l'intérieur du pays.

On se rappelle combien le climat de la côte de Madagascar plaisait à nos anciens compatriotes du fort Dauphin ; bien différent, celui de la province d'Imerina est peut-être encore davantage du goût des Français et des Anglais. D'après les missionnaires, au pays des Ovas la plus forte chaleur atteint à peine 30 degrés; la plus basse température est de 4 à 5 degrés au-dessus de zéro. Pendant l'hiver, c'est-à-dire du mois de mai au mois d'octobre, le thermomètre ne s'élève guère au-dessus de 6 à 7 degrés. En été, les fluctuations sont parfois rapides et très considérables ; le thermomètre, qui marque au matin 3 ou 4 degrés, monte à 26 ou 27 entre deux et trois heures de l'après-midi ; sur les hautes montagnes, le froid paraît être souvent assez vif. En hiver, la pluie tombe à peu près tous les jours, fréquemment accompagnée de grêle ou de tonnerre ; en été, elle est extrêmement rare. Tandis que les parties basses et marécageuses de la Grande-Terre offrent en général un séjour malsain pour les étrangers, la région montagneuse est réputée fort salubre.

Le pays des Ovas, désigné sur les cartes et dans toutes les relations sous le nom d'Ankova, est une contrée triste, de peu d'intérêt pour un naturaliste ; les montagnes, où l'œil cherche en vain des arbres ou des buissons, présentent une déplorable monotonie. Dans la saison pluvieuse, l'herbe pousse dans les vallées et jusque sur les collines, mais dans la saison de la sécheresse l'aridité est désolante ; c'est à peine si l'on rencontre un peu de verdure dans quelques endroits arrosés par l'industrie des hommes. Seule peut-être, une vallée à l'ouest de Tananarive, vallée couverte de plantations, traversée par la rivière Ikiopa, qui serpente autour de la ville à distance inégale, est vraiment d'un bel aspect.

L'Ankova comprend trois districts : l'Imerina, l'Imamo et le Vonizongo ; ces deux derniers ont été réunis à la province d'Imerina par le père de Radama. Tananarive est bâtie sur une colline longue et irrégulière dominant une vaste étendue de pays. D'après les observations faites en 1828 par M. Lyall, l'agent britannique dont nous avons rappelé les mésaventures, la position géographique de la capitale des Ovas est par 48° 56' 26" de latitude sud et par 45° 37' 22" de longitude est du méridien de Paris. Suivant une estimation un peu vague, le point culminant serait à plus de 2,000 mètres au-dessus du niveau de la mer, ce qui est sans doute fort exagéré. Le palais du souverain et les demeures des principaux personnages occupent le sommet de la colline. Les plus belles maisons, construites en bois, ont le seuil élevé de 1/2 mètre au-dessus du terrain : une pierre placée devant la porte remplit l'office d'une marche ; des nattes jetées sur le plancher servent à tous les usages. Comme chez les Antanossep, une place couverte de pierres est le foyer : la cheminée est inconnue ; les toits, d'une hauteur supérieure à celle du bâtiment et garnis aux angles de longues perches, offrent un aspect singulier. Pendant le séjour des missionnaires anglais, on fit des habitations plus élégantes avec des vérandas, des toits mignons et bien façonnés. Un seul chemin partage cette ville étrange ; ensuite ce sont d'innombrables ruelles irrégulières et fort incommodes. En 1820, la population était évaluée à 10,000 ou 12,000 âmes, quinze ans plus tard à 20,000 ; nous savons qu'elle s'est considérablement accrue depuis cette époque. Dans le pays où le bois doit être apporté de loin, les pauvres gens se contentent de cases faites de bambous.

Au sud, l'Ankova est borné par les monts Ankaratra, qui le séparent de la province des Betsileos, une contrée assez fertile ; à l'est, il touche la province d'Ankay, qui consiste surtout en un long plateau encadré par des montagnes et arrosé par le Mangourou, une des belles rivières de Madagascar. Au nord, c'est la province d'Antsianaka, citée pour la culture du riz, pour la production du coton, pour l'abondance des troupeaux. Cette région, coupée par une partie de l'immense forêt d'Amazalaotra, a un très joli lac ; une île vers le milieu, un village sur les hauteurs de l'île, donnent à l'ensemble un effet des plus pittoresques.

Le chiffre de la population de Madagascar n'a jamais pu être déterminé, même d'une manière approximative ; on croit qu'à une époque ancienne l'île avait beaucoup plus d'habitants que de nos jours. Les voyageurs, parcourant la grande île africaine sans s'arrêter aux détails, distinguent tout de suite deux sortes d'hommes : ceux qui ont la peau noire et les cheveux crépus, ceux qui ont le teint olivâtre et les cheveux plats. Les explorateurs adonnés à l'étude ont bientôt reconnu plusieurs peuples très différents : les Ovas, les Sakalaves, les Betsileos et les Betsimisarakes. Les premiers, maintenant les véritables maîtres sur la Grande-Terre, sont agiles, pleins d'activité, de taille très médiocre ; les Ovas de race pure ont le teint olive-clair, les traits un peu plats, les lèvres souvent épaisses et proéminentes, le regard voilé, les cheveux noirs lisses ou bouclés. Aucune tradition ne révèle ni l'origine, ni le moment de l'apparition des hommes de cette race à Madagascar ; regardés tantôt comme des Malais, tantôt comme des Abyssins, on n'est pas éloigné aujourd'hui de croire, d'après des analogies constatées dans les idiomes, qu'ils pourraient avoir une origine polynésienne. Suivant une opinion fortement enracinée dans le pays, les aborigènes de l'île seraient les Vazimbas, dont le souvenir n'est rappelé que par des tombeaux d'une construction particulière existant encore sur des montagnes de la province d'Imerina. Les Sakalaves, au dernier siècle les plus puissants parmi les Malgaches, occupent le nord et presque toute la partie occidentale de la Grande-Terre. Ce sont des nègres aux cheveux longs et néanmoins crépus, ayant une assez belle prestance, une grande vigueur de corps, une remarquable énergie de caractère. Les Betsilos, qui ont eu peu de rapports avec les étrangers, sont en général de petite taille, avec le teint bronzé, les lèvres épaisses, les cheveux longs et frisés. Ils se rapprochent beaucoup des Ovas par l'aspect physique, sans en avoir le caractère ; livrés surtout aux paisibles travaux de l'agriculture, les Betsileos ne paraissent nullement enclins à guerroyer. Les Betsimisarakes et les Bétanimènes, peuples de la côte orientale, sont des nègres de médiocre stature ; on les considère comme appartenant à une race inférieure aux autres à raison de l'intelligence et dessentiments. Entre ces diverses races, les mélanges ont été sans nombre, et les Arabes établis sur plusieurs points de l'île ont encore contribué à faire de la population de Madagascar l'ensemble le plus varié qu'on puisse rencontrer sur un espace circonscrit du globe.

En présence des éléments si dissemblables qui composent cette population, on s'étonne de trouver dans l'île entière la même langue, les mêmes coutumes, les mêmes superstitions. N'y a-t-il pas dans ce fait l'indice d'une domination autrefois exercée d'une manière générale ? Si cette domination a existé, la trace en est perdue ; les premiers Européens qui visitèrent la grande île africaine n'ont rencontré que des peuplades obéissant à dès chefs indépendants. Néanmoins le respect pour les croyances des ancêtres est égal chez les hommes de ces races si distinctes. La division de l'année en douze lunes est partout adoptée ; seuls les noms diffèrent sur la côte et dans l'intérieur ; des jours propices et des jours néfastes sont reconnus dans chaque province. Du nord au sud, l'idiome ne présente que de simples nuances ; les usages, d'une surprenante uniformité, sont à peine marqués d'une région à l'autre par de petits détails particuliers.

Ainsi les missionnaires qui ont vécu parmi les Ovas nous entretiennent de mœurs, de pratiques déjà signalées dans les narrations de Flacourt et dos anciens voyageurs sur les Malgaches du sud et de la côte orientale. Dans la province d'Imerina, la naissance d'un enfant, événement très fêté par les familles, est toujours l'objet d'une consultation près des devins, — il faut savoir la destinée de l'être qui vient au monde. Les infanticides se multiplient pour les mêmes causes que chez les Antanosses ; sous le règne de Radama, les auteurs de ces crimes furent menacés de châtiments terribles, — le mal ne semble pas avoir disparu. Le mariage des personnes de qualité est consacré par une cérémonie, mais la séparation demeure toujours facile ; en aucun cas, le mari n'est empêché de posséder plusieurs femmes en sa maison. Le serment du sang, qui doit créer un lien de fraternité indissoluble entre deux individus, reporte au souvenir de la manière dont d'autres Malgaches concluent les traités d'amitié ; on verse le sang d'une poule, chacun en boit une petite quantité en vociférant des imprécations, en appelant sur sa tête mille malédictions, s'il manque à la foi jurée. Chez les Ovas, avec le riz, le bœuf, le chevreau, les volailles, — pintades et canards domestiques ou sauvages, — constituent les aliments les plus ordinaires ; on estime les œufs lorsque le poulet est développé, on recherche les œufs de crocodile, et, lorsque par malheur les sauterelles ou plutôt les criquets fondent sur les champs, on les récolte pour les manger, aussi bien que les vers à soie. En cas de maladie, quelques plantes, de l'eau de riz, les charmes ou les *olis*, comme sur la côte, sont les remèdes habituels. Les funérailles des hauts personnages ressemblent à celles dont nos anciens compatriotes étaient les témoins aux environs du fort Dauphin ; mais dans l'Ankova le séjour des morts diffère entièrement de celui qu'on voit au pays d'Anossi. Les tombes des familles riches exigent un travail énorme ; ce sont des chambres creusées dans le sol à une certaine profondeur et couvertes par une voûte formée de pierres de granit et de couches de terre alternativement superposées. Les ouvriers détachent les blocs de granit en les soumettant à un feu de bouse de vache, et en versant de l'eau froide sur la pierre brûlante au point où il convient d'opérer la fracture. Le bloc, soulevé à l'aide de leviers, enveloppé de paille pour résister aux chocs, attaché avec des cordes, est ensuite traîné jusqu'à sa destination ; on a vu parfois 500 ou 600 hommes employés au transport d'une seule pierre.

Quand les missionnaires anglais vinrent à Tananarive il y a un demi-siècle, les Ovas ne savaient pas cultiver la terre autrement que les peuples de la côte. Ils fondaient le fer par les procédés tout primitifs dont Flacourt et Sonnerat ont donné une description ; la première forge européenne introduite dans la province d'Imerina causa autant de surprise que d'admiration. A Madagascar, l'usage de la monnaie est de date récente ; ce sont les piastres d'Espagne qui ont d'abord été introduites. Les indigènes ont tout de suite inventé un moyen de division aussi simple que barbare : ils coupent les pièces par morceaux ; l'opération étant grossièrement exécutée, on pèse chaque fragment pour acquitter le prix d'un objet ou d'une marchandise.

Tandis que les missionnaires anglais observaient les mœurs et les usages des Ovas en s'efforçant d'amener ce peuple à la civilisation européenne, Madagascar était l'objet d'études particulières, relatives soit à la géographie, soit aux sciences naturelles. Plusieurs hommes distingués de l'île Maurice, Lislet-Geoffroy, Le Mayeur, Chapelier, Fressanges, Dumaine, après avoir visité diverses parties des côtes de la grande île africaine, ont donné des descriptions fidèles de certaines localités. Un peu plus tard, des officiers de marine ont fourni de précieuses indications sur des baies ou des ports, sur Nossi-Bé, Nossi-Mitsiou, etc. L'un d'eux, M. Bona-Christave, s'est occupé d'une manière assez générale de la géographie de la Grande-Terre; il a rappelé ce que fut Madsanga à l'entrée de la baie de Bombétok, la seule ville de Madagascar digne de ce nom, alors que Tananarive était encore inconnue. Bien accueillis par les rois sakalaves de la province de Bouëni, les Arabes construisirent des maisons de pierres entourées de jardins, et donnèrent à la ville une sorte de splendeur. La conquête des Ovas fut suivie de la destruction de Madsanga ; quelques années plus tard, des ruines indiquaient au voyageur l'ancienne importance de la Taste cité, centre des relations de la grande île africaine avec l'Arabie.

Le capitaine Guillain, qui explora la côte occidentale de Madagascar en 1842 et 1843, a recueilli des renseignements sur le commerce dans les différents ports, et s'est appliqué d'autre part à retracer l'histoire des Sakalaves ; — le même sujet venait d'être traité par M. Noël. Ces travaux, estimables à certains égards, n'ont jeté aucune lumière sur l'origine de la nation qui avant les progrès des Ovas était la première en puissance sur la Grande-Terre. Les noms des rois ou des chefs, la mention des succès ou des revers des différentes tribus en lutte les unes avec les autres, composent toute l'histoire des anciens Sakalaves ; les éléments en sont puisés dans la narration de Drury et dans des traditions orales d'une valeur bien incertaine. Les auteurs n'ont vu du pays que le littoral, reconnu les limites des provinces et des districts que par les embouchures des fleuves ; — il y a les Sakalaves du sud ou du Ménabe et les Sakalaves de Bouëni et de Bombétok. Selon la croyance générale, cette nation, autrefois établie dans le Ménabé, que limite au sud la rivière Anoulahine ou de Saint-Augustin, s'est étendue successivement par la conquête jusqu'au nord de Madagascar ; rencontrant de petites colonies d'Arabes, l'association s'est faite. Peut-être convient-il de rechercher si l'influence des hommes venus des bords de la Mer-Rouge et disséminés sur une infinité de points des côtes de Madagascar n'explique pas des ressemblances remarquables dans les usages, dans l'industrie, dans les superstitions des peuples de la Grande-Terre, qui ne sont liés ni par une commune origine ni par un mélange absolu.

Au temps où Madagascar était le théâtre des singuliers événements politiques et des recherches de géographie dont nous venons de rappeler le souvenir, l'histoire naturelle du pays devenait l'objet d'un intérêt spécial, — des voyageurs et des résidons apportaient ou envoyaient des plantes et des animaux. Il serait difficile de citer tous ceux qui ont contribué à faire connaître la flore et la faune également admirables de la grande île africaine, mais les noms de deux personne, de qualité différente s'imposent. Un capitaine d'artillerie de marine qui eut le commandement du fort de Sainte-Marie, M. Sganzin, s'est acquis considération dans la science par des observations nombreuses et des récoltes importantes. M. Goudot, ne se souciant que du profit matériel, avait adopté comme profession la récolte des plantes et particulièrement des animaux de Madagascar. Après avoir formé de grandes collections, il venait à Paris les débiter, afin d'en obtenir le plus d'argent possible ; c'est alors surtout que nos musées se sont enrichis d'une foule d'objets précieux qui nous instruisent sur la nature de l'île à tous égards séparée du reste du monde. D'abord M. Goudot séjournait au voisinage de la côte : plus tard, il eut de la reine Ranavalona la permission de monter à Tananarive ; ce fut pour le collecteur l'occasion de se marier avec une femme ova d'un magnifique embonpoint. Cette femme vint en France avec son mari s'occuper d'achats d'étoffes et de bijoux pour la reine ; on assura que c'était une princesse.

V

Après les actes de violence de l'année 1845, les Européens eurent peu de relations avec Madagascar. Cependant la nécessité, pour les colonies de Bourbon et de Maurice, de se procurer du bétail ramena plus d'une fois des navires en rade de Tamatave ; quelques marchands se hasardèrent sur la côte. La cour de Tananarive persistait dans la volonté de n'entretenir aucun rapport avec les gouvernements étrangers et de détruire absolument le christianisme parmi les Ovas. Néanmoins malgré la persécution il existait encore dans la province d'Imerina des fidèles qui transmettaient des informations au clergé de l'île Maurice. Près de vingt ans s'étaient écoulés depuis le départ des missionnaires ; il y avait une sorte d'apaisement. En Angleterre, on imagina qu'une visite à la reine et au peuple de Madagascar pourrait être d'un excellent effet. Deux membres de la mission de Londres, M. Cameron et M. Ellis, ce dernier rendu célèbre par la publication de l'histoire de Madagascar, furent mis en devoir de se faire habiles diplomates ; — on reconnaissait la nécessité de s'abstenir entièrement de parler d'affaires religieuses. Au mois de juillet 1853, les deux Anglais débarquaient à Tamatave : ils trouvèrent le peuple misérable, regrettant beaucoup les étrangers ; le riz et les autres marchandises du pays s'accumulaient dans les magasins, l'argent et les produits d'Europe ne venaient plus enrichir personne. Parmi les autorités, il y avait à la fois satisfaction de questionner des Européens au sujet des nouvelles du monde et appréhension de vues hostiles de la part du gouvernement britannique ; à cet égard, on se hâta de les rassurer. Les lettres des Anglais à la reine expédiées, M. Ellis, en attendant la réponse, entreprit des excursions botaniques ; comme il avait déjà visité les peuples de la mer du sud, il demeura surpris d'entendre des mots malgaches qui existent dans la langue des Polynésiens ; c'était l'indication d'une recherche à poursuivre. La réponse de la reine parvint à Tamatave : conçue en termes pleins de courtoisie, elle insistait sur les grandes affaires d'intérêt public, qui de longtemps ne lui laisseraient aucun loisir ; avec politesse, on engageait les visiteurs à repasser la mer, afin de se soustraire aux chances de maladies. Les Anglais s'en retournèrent à Maurice.

Soudain une idée était venue à cette terrible reine Ranavalona : consentir à permettre le commerce extérieur, si on lui donnait 15,000 piastres en dédommagement de l'offense faite par MM. Romain-Desfossés et William Kelly. M. Cameron partit bien vite porter la somme, et les autorités de Tamatave ne tardèrent pas d'être avisées par le secrétaire du cabinet de Tananarive que la reprise des opérations commerciales était autorisée ; une salve de coups de canon tirée du fort annonça l'événement. En témoignage d'amitié, l'ordre fut écrit de détacher les crânes des Anglais et des Français tués dans les derniers combats, restés depuis 1845 accrochés au sommet de longues perches. M. Ellis part de cet exemple pour constater gravement que les usages politiques et les formes de la diplomatie diffèrent beaucoup d'une nation à l'autre.

L'année suivante, le révérend William Ellis avait le plaisir de revoir la Grande-Terre. À peine se trouvait-il installé, qu'un homme se présente de la part d'un chef des environs de Tamatave, alors malade et en quête d'une bonne médecine. Pour l'étranger, c'est l'occasion d'une visite qui permettra une étude de la vie domestique actuelle des Malgaches. Le chef occupait non pas la maison belle et spacieuse qu'il habitait d'ordinaire, mais, afin d'avoir plus chaud, une pauvre hutte bâtie dans le même enclos. Au milieu de la chambre, le feu est allumé sur une plate-forme de terre soutenue par une bordure de pierres, une lumière blafarde éclaire ce réduit, et la lampe attire l'attention du visiteur. L'appareil se compose d'une baguette de fer enfoncée dans le sol et munie en haut d'une tasse contenant la mèche ; au-dessus de la flamme, un morceau de suif tenu par un crochet, en fondant s'écoule dans la tasse, — ce mode d'éclairage est parfaitement reçu dans la demeure des grands personnages. Tout cet intérieur annonce beaucoup d'indifférence pour le luxe des Européens. D'autre part, la scène dont l'étranger est témoin indique un remarquable progrès dans la civilisation des Malgaches. On apporte des lettres au chef malade couché sur une natte ; il ordonne à un aide-de-camp d'en faire la lecture, — il répondra tout de suite. Le jeune secrétaire prend dans une boîte papier, plume et encre, s'assied à terre, place le papier sur un genou, puis écrit sous la dictée de son supérieur ; il lit ensuite cette réponse à haute voix, et, l'approbation donnée, il plie la lettre et l'expédie à sa destination. Ceci se passait dans le pays où trente ans auparavant l'écriture était inconnue ; après l'expulsion des étrangers, l'instruction s'était transmise par les indigènes.

A Tamatave même, des femmes esclaves se servaient de longues cannes de bambou pour puiser de l'eau. Le marché, toujours fort sale, était approvisionné de fruits, de racines, de millet, de riz et d'autres graines, de quincaillerie indigène, de vêtements tels que des lambas, de nattes, de paniers, de chapeaux de paille, de cotonnades européennes, — tous ces objets jetés à terre ou placés sur des tas de sable, les volailles se promenant de tous côtés, les bouchers coupant à terre la viande sur de grandes feuilles de bananier. Après avoir visité les campagnes et les forêts des environs de Tamatave et de Foulepointe, consigné d'intéressantes observations sur les habitudes du pays et sur la végétation, recueilli quelques belles plantes, M. Ellis dut partir encore une fois de Madagascar. Sous prétexte de la présence du choléra parmi les habitants de l'île Maurice, les

Anglais n'avaient point eu la permission de se rendre à la capitale. Cette permission accordée beaucoup plus tard, on se hâta d'en profiter. De retour sur la Grande-Terre en 1856, les deux membres de la mission de Londres, frappés de l'accroissement de la population de Tamatave, du nombre des maisons neuves construites par des négociants étrangers, surpris de trouver le gouverneur de la province assis dans un bon fauteuil, ravis d'avoir étonné les Malgaches avec un télégraphe électrique, s'acheminèrent enfin vers Tananarive. M. Ellis est un ami de la nature ; sur le trajet de Tamatave à Andouvourante, il remarque le caractère de la végétation, il admire l'aspect des lacs ; lorsque, tranquille dans son palanquin, il suit les sentiers des montagnes où les malheureux porteurs glissent sur l'argile détrempée, traverse la célèbre forêt d'Amalazaotra et le rude pays d'Ankova, plus que les précédents voyageurs, il note des observations. Tananarive est nécessairement l'objet d'une nouvelle description ; le visiteur esquisse ensuite le portrait du prince royal, Rakoto, qui doit être Radama II, un jeune homme de vingt-six ans, aux manières élégantes, portant l'habit et le pantalon noir, la cravate blanche et un gilet de velours brodé, s'informant de la santé de la reine Victoria et des dispositions des gouvernements de France et d'Angleterre à l'égard de Madagascar. Ce n'était pas un barbare que ce prince, instruit par nos compatriotes MM. Laborde et Lambert ; il donnait de belles espérances. Aux officiers se présentant de la part de la reine pour s'enquérir des motifs du voyage de l'étranger, M. Ellis assure qu'il ne vient pas traiter d'affaires de commerce ; s'il a demandé la permission de monter à la capitale, c'est pour faire une visite d'amitié à la reine et au gouvernement et causer de choses relatives à la prospérité du royaume. La diplomatie de la Grande-Bretagne, on le voit, usait dans tous les temps des mêmes procédés. Le membre de la société protestante de Londres eut l'honneur de faire des excursions avec le prince et sa femme, accompagnés d'une suite vraiment royale. Admis d'une façon très solennelle à l'audience de la reine à *la Maison-d'Argent*, il exprima l'ardeur des sentiments d'amitié du gouvernement britannique pour la reine Ranavalona et son peuple. M. Ellis était un bon photographe, il intéressa singulièrement le prince royal et la princesse sa femme, tout charmés d'avoir des portraits d'une ressemblance parfaite, exécutés avec une pareille promptitude. La reine n'avait aucune prédilection pour cet art diabolique ; les personnes dont on avait l'image pouvaient bien en mourir, pensait-elle. La souveraine, on le sait, ne goûtait pas les innovations : un Français avait proposé d'établir un télégraphe électrique de Tananarive à Tamatave ; elle jugea que les relais de courriers valaient mieux. En quittant la capitale des Ovas, M. Ellis s'applaudissait de tout ce qu'il avait vu ; il croyait avoir dignement représenté l'Angleterre. Cependant, si l'on en croit certaines assertions assez bien justifiées, le révérend William Ellis avait par des insinuations malveillantes blessé le prince royal ; on l'accuse aussi, avec quelque fondement, d'avoir voulu dénoncer à la reine de Madagascar des Français et surtout un missionnaire catholique.

Le gouvernement de Ranavalona était exécré de la nation ; un ministre infâme, secondé par un complaisant collègue, s'était rendu odieux par des cruautés et des déprédations sans fin. Le prince Rakoto, navré de la misère du peuple, chargea un des résidents les plus honorés de Madagascar, son ami, frère par le serment du sang, M. Lambert, de solliciter le protectorat de la France ; la démarche n'eut pas de résultat. Dans l'espoir de perdre l'homme qui était devenu le fléau de son pays, d'obtenir l'abdication de la reine et l'élévation du fils, un complot s'ourdit en 1857 à l'instigation de plusieurs Européens ; ce complot déjoué par suite d'une dénonciation, les étrangers furent conduits à Tamatave et chassés de l'île ; — tout rentra dans le silence. La vieille reine meurt le 18 août 1861 ; encore une fois deux partis dans le palais se trouvent en présence : les amis des anciennes coutumes veulent donner le trône au neveu de Ranavalona ; les amis du progrès se prononcent pour le prince Rakoto, fils de la reine. Ces derniers l'emportent, Rakoto est proclamé roi sous le nom de Radama II. Le nouveau souverain de Madagascar envoya M. Lambert annoncer son avènement à l'empereur Napoléon III. Tout faisait pressentir que les relations des Européens avec la grande île africaine seraient désormais vraiment amicales, que le progrès du peuple ova sous le rapport de l'instruction, du perfectionnement des arts, du développement de l'industrie, allait recevoir une vive impulsion. M. Lambert, porteur de cadeaux de l'empereur pour le roi et la jeune reine de Madagascar, devait se trouver à Tananarive pour le couronnement de Radama II. Le capitaine Dupré, alors commandant de la division navale des côtes orientales d'Afrique, fut chargé de représenter la France à cette cérémonie. Le digne officier s'entoura de quelques hommes distingués et rendit sa mission profitable à la science : le docteur Vinson a rapporté une série d'observations pleines d'intérêt sur le pays, sur des végétaux, sur plusieurs genres d'animaux; le père Jouen, de la compagnie de Jésus, en traçant un portrait flatteur de Radama et de la reine, devait annoncer les succès de la mission catholique. Aussitôt l'avènement du nouveau roi de Madagascar connu à Maurice, le gouverneur s'empressa d'envoyer le colonel Middleton porter des félicitations. La société des missionnaires de Londres, enflammée par l'espoir de reprendre l'œuvre interrompue, mit sa confiance dans les talents de celui qui avait déjà visité la capitale des Ovas ; en toute hâte elle envoya M. Ellis. Sur le drapeau flottant au sommet du fort de Tamatave, on lisait écrit en lettres rouges : « Radama II ; » la nouvelle parvenue en Angleterre se trouvait ainsi confirmée. Le pasteur méthodiste était à Tananarive longtemps avant l'arrivée de M. Dupré : pour le plus grand profit de sa nation, il s'appliquait en conscience à nuire aux Français, principalement aux prêtres catholiques ; — tous nos compatriotes n'ont pas gardé bon souvenir de M. Ellis.

Nous ne parlerons pas des fêtes et de la cérémonie du couronnement, des discours, des banquets, des illuminations de la ville et des campagnes de Tananarive ; les détails en sont rapportés dans plusieurs ouvrages, et on a pu les lire dans les gazettes. Le jeune souverain conclut des traités de commerce et d'amitié avec la France et l'Angleterre ; il accueillit les étrangers, proclama la liberté des cultes, abolit la peine de mort et l'épreuve par le poison. On s'attendait à un règne long, paisible, fécond, et Ra'lama mourait assassiné dès le mois de mai 1863. La veuve du souverain, élevée au trône sous le nom de Rasolierina, morte en 1867, a pour successeur sa cousine, c'est Ranavalona II. Les derniers événements de

Madagascar présentent un médiocre intérêt ; aujourd'hui les missionnaires protestants et catholiques bâtissent des églises et des chapelles et se disputent l'instruction des Malgaches.

Deuxième partie

La France et l'Angleterre à Madagascar[2]

La grande île de la mer des Indes, dépendance naturelle du continent africain, se montre, comme lui, opiniâtrement rebelle à l'invasion étrangère. Aux persévérants efforts de l'Europe, elle oppose la longue ligne de ses sombres forêts, les deltas marécageux de ses fleuves, l'inimitié ou la circonspection de ses habitants. L'Angleterre, partout ailleurs si heureuse, y a vu presque entièrement échouer jusqu'ici les plus habiles tentatives de sa politique. La France y a planté son drapeau au temps où, avec Richelieu et Colbert, elle était colonisatrice ; aujourd'hui même, elle y conserve des droits que, tous les cinquante ans, elle renouvelle : c'est ainsi qu'en 1840 notre artillerie a tonné sur ses rivages pour saluer dans une nouvelle prise de possession le nom et les couleurs de la France. Vaine formalité ! Madagascar s'appartient à elle-même. Les Antilles, les îles de l'Océanie, Java, Bornéo, les archipels situés sous l'équateur ont vu leurs rivages occupés, leurs chaînes intérieures pénétrées par la Hollande, l'Espagne, la France, l'Angleterre, tandis que Madagascar, exclusive et fermée, défie la conquête européenne ; ses habitants, et faut-il les en blâmer ? ont réussi à écarter les envahisseurs. En cela même consiste l'originalité du spectacle que nous présente la grande île : ailleurs

---

[2] Par Alfred Jacobs.

129

nous avons entendu les bruits de la civilisation débordant comme une marée montante, nous avons vu le malheureux sauvage se débattre entre le fusil du *squatter* et la Bible du missionnaire, presque autant épouvanté des austérités prêchées par celui-ci que des coups portés par celui-là. Ici au contraire nous sommes en présence d'une société grossière, peu cultivée, parfois cruelle, mais originale, personnelle, n'ayant presque rien emprunté à l'Europe, pleine de méfiance à son égard. Si le sang coule, c'est entre Hovas et Sakalaves, sans que les blancs aient été mis en tiers dans la querelle, et il est presque aussi difficile de pénétrer dans Atanarive, la capitale de la reine Ranavalo, que d'arriver jusqu'à Yédo ou à Pékin.

Visiter Atanarive était le but que se proposait le révérend William Ellis, et pour l'atteindre il a fallu, de 1853 à 1856, que le persévérant voyageur s'y reprît à trois fois. Ce missionnaire, qui a longtemps évangélisé la Polynésie, y a laissé, et particulièrement aux Sandwich, de vifs et bons souvenirs. Était-ce seulement le soin d'intérêts religieux et commerciaux qui cette fois le guidaient et lui faisaient rechercher avec tant d'insistance son admission à la cour hova ? Il semble permis d'en douter ; mais, alors même que le missionnaire voyageur n'aurait pas cru devoir mettre le public dans la confidence complète des négociations qui pouvaient lui être confiées, sa relation telle qu'il nous l'a donnée n'en est pas moins très intéressante : elle nous transporte au cœur de l'île, offrant à la fois un spectacle curieux et un nouveau sujet d'étude sur des races assez différentes de celles que nous avons vues jusqu'ici ; elle nous permet de nous arrêter encore au grand problème de l'avenir et de la destinée des peuples sauvages ; enfin elle nous fournit, au milieu des détails de la narration, d'utiles éléments pour rechercher quelle part d'influence peut être réservée sur cette terre hostile à la France et à l'Angleterre.

I

M. William Ellis quitta l'Angleterre en avril 1853. Au cap de Bonne-Espérance, il s'adjoignit un compagnon de voyage, M. Caméron, missionnaire comme lui, auquel un long séjour dans l'île avait rendu la langue malgache familière, et tous deux débarquèrent, au mois de juin suivant, à Port-Louis, capitale de Maurice. Voici quel était à ce moment l'état de Madagascar. Vers 1816, le chef hova Radama avait réussi à dominer la plupart des tribus indépendantes qui se partageaient l'île ; puis il avait conclu avec l'Angleterre un traité par lequel il abolissait la traite, et admettait les missionnaires à la condition qu'on lui servirait une subvention annuelle en armes et en munitions. L'Angleterre exerçait ainsi un véritable protectorat et semblait près d'hériter de l'ancienne influence française ; mais de grands changements n'avaient pas tardé à survenir : Radama était mort en 1828, et c'était une de ses onze femmes, la reine Ranavalo, qui s'était saisie du pouvoir à la suite d'une révolution de palais. Cette espèce de Catherine II malgache avait déployé une énergie remarquable, comprimant les insurrections, étendant les conquêtes de son prédécesseur, fermant son île. En 1835, elle chassa les missionnaires anglicans et persécuta les chrétiens ; en 1843, elle expulsa tous les étrangers qui ne voulurent pas se reconnaître sujets malgaches. La France et l'Angleterre crurent devoir intervenir : on sait quelle fut la triste issue de l'expédition de Tamatave. À partir de ce moment, la reine adopta un système d'isolement complet, au grand détriment du commerce de Bourbon et de Maurice, qui s'approvisionnait à Madagascar de riz et de bétail. Tel était l'état des choses en 1853, lorsque les deux missionnaires tentèrent de pénétrer jusqu'à la résidence royale. Ils se proposaient d'obtenir la remise en vigueur des traités de commerce, de demander l'ouverture d'un port et de régler quelques intérêts religieux. Ils étaient encore chargés, a-t-on dit, de prémunir la reine contre les craintes d'une agression française ; mais la relation du révérend Ellis ne permet pas de juger de l'exactitude de cette assertion. Ils prirent passage sur un des petits bâtiments de 60 à 80 tonneaux qui font le service de l'archipel africain, et après une assez rude traversée, car la mer conserve jusqu'à la hauteur du canal de Mozambique les grosses lames du cap des Tempêtes, ils se trouvèrent en vue de Tamatave.

La ville, entourée de falaises et de montagnes, est bâtie dans une dépression du terrain. Ses maisons de bois et de chaume se détachent du fond sombre et triste des hauteurs voisines au milieu de bouquets verdoyants de cocotiers, de pandanus et d'autres arbres d'essence tropicale. Non loin d'une vaste bâtisse qui sert de douane et au pied du fort qui protège le mouillage étaient dressées treize longues perches, à l'extrémité desquelles se balançaient des crânes humains ; c'était un souvenir du débarquement anglo-français de 1845.

À peine le petit bâtiment avait-il franchi la ligne de récifs qui protège la rade contre la haute mer et pris place au mouillage, qu'un canot se détacha de la côte ; il était monté par quelques hommes vêtus de grandes tuniques blanches maintenues à la ceinture par une écharpe. Le *lamba*, sorte de manteau indigène, retombait en plis amples sur leurs épaules ; ils ne portaient ni bas ni souliers, et étaient coiffés de chapeaux en jonc tressé aux larges rebords. Un officier, suivi de son secrétaire, monta sur le pont ; c'était le maître du port. Il s'enquit du nom du bâtiment, du chiffre de son équipage et de l'objet de sa visite. Ce Malgache s'exprimait en anglais ; il avait fait partie d'une ambassade envoyée en Europe en 1837, et se trouvait avoir visité la France et l'Angleterre. Il se mit à causer familièrement, demandant des nouvelles de la politique et des théâtres ; il prévint les visiteurs qu'il n'y avait pas grand espoir que la reine se départît de ses mesures rigoureuses tant qu'on ne lui paierait pas une indemnité pour l'attaque de 1845, et il insista sur l'injustice qu'il y avait de la part de nations étrangères à assaillir un peuple parce qu'il prétendait faire prévaloir ses lois sur son territoire. Quant à une adresse que les négociants de Maurice avaient rédigée pour la reine Ranavalo, il ne pouvait pas s'en charger, cela regardait un officier spécial. En effet, cet officier, prévenu de l'incident, se présenta à bord, donna de l'adresse un reçu en langue malgache, et avertit que, pour l'envoyer à Atanarive et recevoir la réponse, c'était une affaire de quinze à seize jours ; le gouverneur de la ville pouvait seul décider s'il convenait, dans l'intervalle, d'autoriser les communications du schooner avec la côte. Le lendemain, un pavillon blanc hissé sur la douane fit connaître que cette autorisation était accordée, et nos missionnaires purent débarquer.

À terre, ils furent traités fort amicalement. Leur ami, le maître du port, les conduisit à sa demeure, grande et solide construction indigène longue de cinquante pieds, haute de vingt à trente, entourée d'un vaste enclos consacré à diverses cultures, au milieu desquelles se dressent des étables et des huttes d'esclaves. La façade, sur laquelle s'ouvrent une porte et une série de fenêtres symétriques, est entourée d'un banc et ombragée par une large véranda. Les parois, faites de planches bien jointes, sont tapissées intérieurement par une sorte de tissu tressé avec une plante ; dans un coin se trouvait un bois de lit à pieds recouvert de nattes, dans les autres des ustensiles de cuisine, des sacs de riz, des armés indigènes et européennes ; au centre une table assez bien façonnée, sur laquelle étaient disposés des rafraîchissements ; enfin çà et là des sièges faits de nattes en forme de divans carrés. Plusieurs femmes étaient occupées dans diverses parties de cette vaste pièce ; elles disparurent à l'entrée des visiteurs. On s'assit, et la conversation venait de s'engager, lorsqu'entra un nouveau personnage suivi de son cortège. C'était un homme grand et fort de cinquante à soixante ans, dont la physionomie rappelait entièrement le type des insulaires de la mer du Sud. Il était vêtu d'une belle tunique en forme de chemise à collet et à poignets rabattus, recouverte d'un large *lamba* de soie composé de bandes écarlate, rouge œillet et jaune, avec des franges également diversifiées. Il n'avait pas de chaussures, et portait une casquette bleue avec une visière à filet d'argent et à lacet d'or. Deux de ses gens étaient armés, l'un d'un grand sabre de cavalerie, l'autre d'une lame étroite et courte. Ce personnage était. Rainibehevitra, ce qui veut dire le *père des grandes pensées*, chef-juge de Tamatave, *douzième honneur* et le second en dignité dans la ville. Il tendit amicalement la main aux étrangers, excusa le gouverneur de n'avoir pu venir en personne, s'assit et prit part à la conversation, tandis que ses gens se groupaient respectueusement à l'écart, à l'exception cependant de l'un d'entre eux que les devoirs de sa charge retenaient auprès du maître, et qui remplissait un assez singulier office. On s'était remis à parler chemins de fer, marine à vapeur, télégraphie électrique, car l'esprit de ces insulaires est fort curieux et beaucoup plus ouvert que nous ne sommes portés à le croire, quand, sur un signe presque imperceptible du *père des grandes pensées*, le serviteur allongea avec dextérité un petit bambou long d'un pied, large d'un pouce, bien poli et orné d'anneaux, après en avoir préalablement détaché un couvercle retenu à l'une des extrémités par des fils de soie. Le chef-juge prit le cylindre, versa dans la paume de sa main une petite quantité d'une poudre jaunâtre, et, par un geste rapide, la fit passer sur sa langue sans toucher ses lèvres. C'était un mélange de tabac, de sel et de cendres d'herbes, qui est en grande faveur auprès des gens de toutes conditions. On ne fume pas à Madagascar, mais il n'y a pas un dignitaire qui n'ait dans son cortège un serviteur chargé de lui présenter ce mélange, et les pauvres gens, les plus misérablement vêtus, portent suspendu sur leur poitrine le précieux bambou.

Nos missionnaires furent autorisés à descendre chaque jour à terre, à la condition de retourner le soir à bord, et ils profitèrent de la permission pour visiter en détail Tamatave, dont, outre leurs amis indigènes, deux Français fixés en cet endroit, MM. Provint et de Lastelle, se plurent à leur faire les honneurs. La ville, qui compte environ trois mille âmes, a un aspect assez chétif ; les demeures, à l'exception de celles des dignitaires et de quelques résidents étrangers, sont généralement misérables. La plupart des habitants appartiennent, ainsi que ceux de ce littoral, à la tribu betsimasaraka, race robuste et laborieuse, qui fournit en grand nombre des artisans et des laboureurs. Ils sont dominés par les Hovas, qui, débordant des montagnes de l'intérieur vers le commencement de ce siècle, se sont répandus en conquérants sur les rivages. Ceux-ci déploient beaucoup d'activité, d'énergie, et exercent une autorité despotique. Ils ne répugnent pas au commerce, et se plaignaient de ce que le riz et le bétail étaient tombés à vil prix par suite de l'interruption des relations extérieures. Les Américains avaient hérité du commerce anglais et français ; mais le chiffre de leurs affaires était insuffisant, parce que les États-Unis fournissent en abondance les mêmes produits que l'île.

Toute la population de cette côte, vainqueurs et vaincus, semble intelligente et industrieuse ; il n'est pas rare de voir des indigènes parlant l'anglais ou le français ; la plupart aiment à s'entretenir de l'Europe et de l'Amérique ; quelques-uns déplorent l'expulsion des missionnaires, la fermeture des écoles et la proscription du christianisme, que Ranavalo a essayé d'étouffer dans le sang, ce qui n'empêche cependant pas son fils, le prince royal, Rakotond-Radama, de témoigner un grand penchant pour cette religion. Les découvertes modernes, les notions scientifiques, ne sont pas sans attrait pour ces hommes encore primitifs, et un des amis indigènes de M. Ellis rendit à l'histoire naturelle un service signalé en aidant le voyageur à se procurer un échantillon de l'*ouvirandra fenestralis*, autrement appelée *plante à treillis* et *feuille à dentelle*.

Cette plante, qui est particulière à Madagascar, où elle ne croît qu'en certains lieux, n'était guère connue encore que par des dessins. M. Ellis, qui est un amateur passionné d'histoire naturelle, avait inscrit ce *desideratum* sur son programme, et comptait bien rapporter au moins comme bénéfice de son expédition quelque spécimen du rare végétal. À peine eut-il mis le pied sur le sol malgache qu'il s'enquit de la plante, présentant aux indigènes un dessin qu'il avait copié sur les planches jointes à la relation de l'amiral Dupetit-Thouars ; mais les uns ne l'avaient jamais vue, les autres prétendaient qu'elle croît dans des lieux inaccessibles. Enfin un des hôtes du missionnaire mit à sa disposition un indigène qui, après quelques jours de recherches, vint annoncer qu'il avait trouvé l'*ouvirandra* sur un petit cours d'eau, mais que les crocodiles étaient en ce lieu si abondants qu'il y aurait grand danger à l'aller quérir. Ce ne pouvait pas être là un obstacle sérieux, et peu après M. Ellis avait en sa possession le plant tant désiré. C'est une racine aquatique large de deux doigts, enfermée dans un petit sac brunâtre, et dont la substance blanche et charnue peut donner, rôtie, un bon aliment. Elle projette dans toutes les directions, à fleur d'eau, ses feuilles gracieuses et légères, longues de neuf à dix pouces, découpées comme une dentelle et passant, selon le degré de leur croissance, par toutes les nuances, depuis le jaune pâle jusqu'au vert foncé. Sur l'eau, l'*ouvirandra* forme un cercle de deux à trois pieds de diamètre, fermé par des feuilles d'un vert olive, tout rempli de feuilles diverses de grandeur et d'éclat, et d'où s'échappent des tiges flexibles terminées par une fleur double. Le voyageur eut la joie de transporter sa plante saine et sauve à Maurice, de l'y conserver vivante, et c'est à la persévérance de ses soins que sont dus les beaux pieds d'*ouvirandra* que nous avons pu admirer dans *Régent's-Park* et *Crystal-Palace*.

Au bout de quinze jours, la réponse de la reine arriva : sa majesté demandait comme indemnité pour l'affaire de Tamatave 15,000 dollars. À ce prix, elle consentait au renouvellement des relations de commerce. Ce premier point fut seul obtenu ; la reine n'avait répondu sur le reste que d'une façon évasive, sans ôter cependant aux Européens toute espérance de pouvoir par la suite pénétrer dans l'intérieur. En attendant le moment favorable à cette nouvelle expédition, le petit bâtiment remit à la voile, passa sous le cône massif de Bourbon, et ne tarda pas à voir se dessiner dans le lointain les riantes vallées, les montagnes verdoyantes, les blanches villas qui enveloppent Port-Louis. Notre ancienne colonie allait, durant plusieurs mois, retenir le missionnaire, et nous nous arrêterons avec lui dans cette île, qui, au milieu de l'activité que lui ont imprimée ses nouveaux maîtres, conserve bien des traits encore de sa physionomie française.

II

La capitale de l'ancienne Ile-de-France s'élève sur les bords d'une baie enfermée de trois côtés par des montagnes que domine le Pouce, piton haut de 2,800 pieds. Son port vaste et sûr est protégé par une citadelle placée au sommet d'un cap escarpé. L'aspect des quais, des constructions, de l'hôtel du gouvernement, vus de la mer, est imposant. À droite et à gauche s'étendent comme deux villes distinctes le camp des *coolies* et celui des créoles ; les premiers sont des Indiens amenés de la côte de Malabar, les autres des hommes de couleur de toute nuance venus d'Afrique et de Madagascar, esclaves affranchis et fils d'esclaves. Le quartier des *coolies* est signalé au loin par une espèce de coupole et de minaret, et les huttes des créoles s'échelonnent en amphithéâtre au milieu de la verdure. On ne compte pas moins de dix mille Indiens à Port-Louis, et ce n'est, à ce qu'il paraît, que la huitième partie de ce que l'île entière en contient. Ces hommes sont industrieux, durs au travail, mais ils vivent à part sans se laisser pénétrer par les habitudes étrangères ; les ministres anglicans n'obtiennent au milieu d'eux aucun succès, et c'est en vain qu'on a voulu plier leurs enfants à l'éducation anglaise.

La population de Port-Louis, qui ne s'élève pas à moins de soixante mille âmes, est une des plus bigarrées du monde entier. Les quais, les grands magasins, les quartiers populeux présentent dès l'aube un spectacle tout particulier de variété et d'animation. Là se mêlent et se pressent Arabes, Persans, Bengalis, Chinois, marchands de Mascate et de Bombay, de Tranquebar, de Pondichéry, de Madras, de Calcutta, de Canton, de Singapore, acheteurs et vendeurs anglais et français, miliciens anglais, *policemen* vêtus comme ceux de Londres, à l'exception d'une coiffe blanche qui protège leur tête contre les ardeurs du soleil, agents de la police indienne en turbans, en robes blanches serrées par des ceintures bleues. Des colporteurs arabes et indiens, des créoles noirs et jaunes portant sur leur tête de grandes corbeilles, des Chinois avec leurs marchandises, fruits, légumes et gibier, suspendues à une longue perche et se balançant en équilibre sur leurs épaules, sollicitent les acheteurs par des cris où toutes les intonations, tous les vocabulaires sont représentés, mais où cependant le français domine, car les créoles en ont retenu l'usage et l'ont transmis à beaucoup de nouveau-venus. C'est ainsi que sur les boutiques, où ils débitent toute sorte de menues marchandises, la plupart d'entre eux ont placé des enseignes françaises, qui à la vérité ne sont pas toujours d'un style irréprochable, et où le mot *petit*, affectionné des noirs, revient fréquemment : *Au Petit Fashionable, au Petit Cosmopolite*. Au-dessus de la porte d'un marchand de tabac, on lit *au Petit Elégance* ; un ferblantier, dont la boutique n'a pas six pieds carrés, a écrit à la fois sur la porte et sur la fenêtre *au Petit Espoir*, un marchand de confections, *au Temple des Douces* ; d'autres, *à Bon Diable, à Pauvre Diable* ; un mercier, *à la Grâce de Dieu*, et un parfumeur *à la sainte Famille*. Les noms des domestiques de couleur ne sont pas non plus sans une certaine originalité : ils s'appellent Aristide, Amédée, Adonis, Polydore, et les femmes Cécile ou Uranie. Paul et Virginie sont aussi des noms très répandus, car la touchante fiction de Bernardin de Saint-Pierre est devenue à l'Ile-de-France une vivante réalité. Dans le nord de l'île, au-delà du piton de la Découverte et du quartier des Pamplemousses, où est aujourd'hui planté un jardin qui est peut-être le plus riche et le plus beau du monde entier, dans lequel les arbustes et les fleurs de l'Afrique, de la Chine, de l'Inde, de l'archipel asiatique, de l'Australie, de l'Amérique du Sud, viennent également bien et charment à la fois le regard, une longue allée de palmiers et de lataniers mène au rivage où la tradition veut que Virginie soit revenue mourir. Au large se montrent l'île d'Ambre et la passe du Saint-Géran. Une anse du rivage s'appelle la baie des Tombes, parce que c'est là, dit-on, que les deux amans furent ensevelis, et dans un petit jardin, sur le bord d'un ruisseau, sous un groupe de bambous que le vent balance, deux larges pierres sépulcrales surmontées d'urnes funéraires sont appelées les tombes de Paul et de Virginie. Plus d'un étranger va faire ce pèlerinage ; par malheur, ce qui dépoétise un peu ces souvenirs, c'est que quand le visiteur, l'esprit plein d'émotion et de recueillement, se présente pour rendre hommage à l'une des plus touchantes créations de l'imagination humaine, un gardien, allongeant la main, demande : *Sir, six pence if y ou please* !

Un des endroits les plus intéressants où le visiteur puisse s'arrêter à Port-Louis est le cimetière situé sur un terrain bas, en dehors de la ville, près de l'entrée méridionale du port ; il se prolonge jusqu'au bord de la mer par une longue avenue de *filao*, sorte de cyprès élancé et maigre dont les feuilles produisent, au moindre souffle de vent, un bruit triste et monotone. Là, des hommes de tous les pays, de toutes les conditions, de toutes les couleurs sont venus prendre leur sépulture, et au milieu des monuments de tous genres, en général bien entretenus et surmontés de vases d'où débordent les fleurs, et surtout l'amarante, on peut çà et là, sur quelques pierres à demi usées par le temps, lire une épitaphe et un nom qui rappellent la France.

C'est aussi l'architecture française qui prévaut dans la ville pour les habitations de la classe aisée ; les maisons, protégées par des vérandas ou des ouvrages en treillis, sont de pierre colorée en jaune et forment des rues bien alignées, arrosées par des courants d'eau fraîche et ombragées par des arbres des plus rares essences tropicales. De loin en loin s'ouvrent quelques jardins où la passion des habitants de l'Ile-de-France pour les fleurs se manifeste par d'admirables produits. Non loin du lieu de débarquement se tient le marché, véritable bazar où sont accumulés les produits du monde entier. Il occupe deux larges carrés recouverts et coupés chacun par une grande rue. Dans l'un sont accumulés les fruits, les végétaux, les oiseaux les plus variés et les plus riches de la création, tous les légumes, ceux de France, de l'Inde et du Chili. Les marchands sont généralement des *coolies*, on les voit accroupis à terre ou perchés sur des tabourets, les jambes croisées. Dans le même marché se vendent encore les ouvrages de cuivre, de vannerie, les meubles, la coutellerie, la mercerie, l'orfèvrerie, la parfumerie. En face, dans l'autre marché, on trouve le pain, le poisson, les crustacés, la viande ; les bouchers sont Indiens, à l'exception des marchands de chair de porc, qui sont Chinois. Ce bazar, surtout le matin, est encombré d'acheteurs. Un autre spectacle, également curieux par sa diversité, est celui que donne la *société d'agriculture des arts et sciences* de Maurice dans son exposition annuelle, qui se tient ordinairement à la fin de l'hiver, en septembre. On y voit tous les produits, depuis les machines anglaises jusqu'aux ouvrages délicats en fibres et en feuilles de cocotier qui sortent des mains des Japonais, des Cochinchinois et des insulaires de l'Océanie ; mais le principal objet du commerce de Maurice, celui qui en fait la richesse, c'est le sucre : cette petite île n'en exporte pas moins

142

de 220 millions de livres par an ; c'est la cargaison de trois cents bâtiments de 500 tonneaux.

Les quartiers malabar, chinois et créole ont une physionomie tout à fait différente de la ville principale. Les maisons et les boutiques y sont généralement de bois ; les vastes magasins y sont remplacés par des échoppes où se vendent au détail toute sorte de marchandises. Les *coolies* sont en possession d'un grand nombre d'industries ; cependant les Chinois commencent à leur faire concurrence, et ils ont pris déjà le monopole de l'ébénisterie. Le marchand chinois est bien plus actif, bien plus empressé que le marchand malabar : celui-ci se tient indolemment assis, les jambes croisées, au milieu de sa boutique ; autour de lui, les marchandises s'amoncellent en pyramides, et pour servir ses chalands, la plupart du temps il n'a qu'à saisir, sans se lever, les objets à portée de sa main. Il n'est pas absolument rare de voir un de ces indolents vendeurs répondre à la demande d'un article : « Là-haut, dans cette pile ; mais il fait trop chaud pour l'y aller prendre. » Les tailleurs et les cordonniers *coolies* travaillent accroupis et se servent de leurs orteils pour tenir l'étoffe ou le cuir avec une étonnante dextérité. Tous les hommes de cette race travaillent assis ou couchés ; il n'y a pas jusqu'aux scieurs de pierre qui ne fassent leur besogne accroupis, et il semble que les membres longs et flexibles de ces Indiens, si différents des membres musculeux des créoles, aient sans cesse besoin d'être repliés. Toutes les fois que les marchandises d'une boutique ne craignent pas l'air, on est certain de voir le Malabar s'installer à sa porte au milieu de ses paquets. De même beaucoup d'autres s'en vont par les rues exercer des industries nomades :

le barbier, muni de son rasoir, de ses ciseaux et d'un petit miroir, s'établit à l'ombre d'un mur ou sous une natte, si le soleil est vertical, et rase ou coupe au milieu du cercle de ses clients.

Sur les quais, dans les gares, aux portes des magasins, on retrouve encore les *coolies* et les Chinois en concurrence ; ils débarquent et rangent les marchandises. Les premiers, qui ne vont guère que par bandes, font entendre en travaillant un chant bas et monotone ; les autres, plus robustes, n'interrompent jamais leur travail, même sous le plus ardent soleil ; ils vont et viennent sans bruit, n'échangeant que de loin en loin entre eux un cri rauque et guttural.

Les grandes entreprises, les sucreries, les plantations sont entre les mains des Anglais, de quelques Français et d'un petit nombre de créoles. Parmi ceux-ci, il en est de fort intelligents, qui, sur cette terre active et libre, sous la protection des lois et sans avoir beaucoup à souffrir des préjugés de race, ont déployé en toute sécurité leur intelligence, leur énergie, et amassé quelquefois de grandes fortunes. De ce nombre était l'un des hôtes de M. Ellis, qui n'employait pas moins de trois cent soixante cultivateurs, et cet homme de couleur déployait le plus grand zèle pour répandre au milieu de ses ouvriers et de ses nombreux serviteurs *coolies* et créoles la moralité et les sentiments religieux. Tous ces riches planteurs et négociants ont aux environs de Port-Louis, à Roche-Bois, à Nouvelle-Découverte, à Peter-Botte-Mountain, des villas et des cottages délicieux avec des cascades, des jardins, des points de vue de toute beauté, et semés sur le penchant des pitons volcaniques, au milieu de la plus luxuriante végétation.

C'est dans un tel séjour et avec les nombreux amis qu'il s'y était créés que le révérend Ellis attendait le moment de faire une nouvelle tentative pour pénétrer dans Madagascar. Les négociants de Maurice avaient promptement souscrit les 15,000 dollars réclamés par Ranavalo, et l'un d'entre eux était parti avec M. Caméron pour remettre cette indemnité à la reine. Les envoyés revinrent porteurs d'une lettre de Rainikietaka, *treizième honneur,* officier du palais, qui faisait savoir que la compensation offerte pour l'offense commise par William Kelly et Romain-Desfossés, avec trois vaisseaux, était acceptée, à la condition que l'administration de Maurice reconnaîtrait que son argent ne lui conférait aucun droit ni sur la terre, ni sur le royaume de Madagascar. Les Européens étaient prévenus qu'il leur était interdit de prendre possession d'aucune place, d'aucun port dans les limites de l'île, et d'acheter des produits dont l'exportation était défendue. Les droits sur les objets importés et exportés étaient fixés à 10 pour 100. À ces conditions, la réouverture du commerce était accordée, et la reine consentait à ne pas rétablir la traite et la vente extérieure des esclaves, supprimées par Radama. La lettre contenait en outre ce passage : «… Un certain Européen français a pris possession d'un lieu à Ibaly, où il a élevé une maison, un magasin, et dont il a fait un port pour les vaisseaux. Nos officiers supérieurs ont été envoyés pour l'expulser et le renvoyer par mer. Nous ne le tuerons pas, mais sa propriété sera confisquée parce qu'il a pris possession d'un port, et nous ne promettons de l'épargner que si lui-même ne tue aucun soldat, car alors ceux-ci pourront le faire périr. Nous avons voulu vous prévenir de ce fait pour que vous n'ayez pas à dire : Pourquoi, quand le commerce vient d'être rouvert, détruisent-ils encore des propriétés d'Européens ? »

Peu de temps après, en signe d'une entière bonne intelligence, l'autorisation vint de faire enlever et d'enterrer les ossements anglais et français qui blanchissaient devant Tamatave. Ce furent les Français de Sainte-Marie, prévenus les premiers, qui eurent le mérite d'enlever ce hideux trophée et de rendre à nos compatriotes les honneurs tardifs de la sépulture. Voyant les circonstances si favorables, M. Ellis fit les préparatifs de son second voyage, et envoya en mai 1854 une lettre aux autorités d'Atanarive pour les informer de l'intention dans laquelle il était de se rendre à Tamatave et demander l'autorisation de visiter la capitale. Sur ces entrefaites, une grande calamité s'était abattue sur Maurice : deux bâtiments transportant de l'Inde des *coolies* avaient apporté avec eux le choléra. Favorisé par de brusques changements de température, il fit un nombre de victimes considérable ; souvent le chiffre en dépassait cent par jour. Le tiers de la population avait quitté Port-Louis ; tous les véhicules avaient été mis en réquisition par la municipalité pour le transport des cadavres ; les magasins, les boutiques, à l'exception de celles des droguistes et des pharmaciens, étaient fermées ; les journaux paraissaient imprimés seulement sur une page qui tout entière était consacrée à donner les noms des principales victimes et à indiquer des remèdes ; les églises chrétiennes ne cessaient d'implorer la miséricorde divine, et l'on voyait en longues processions les Indiens et les Chinois porter de l'encens et des offrandes à leurs idoles. Un fait très remarquable, c'est que le fléau épargna presque complètement ces Asiatiques. Cependant ils étaient nombreux, entassés, dans de mauvaises conditions de propreté et d'hygiène. Les créoles comme les Européens tombèrent par centaines.

Ce fut au commencement de juin, dans un moment où le fléau semblait vouloir sévir avec moins de rigueur, que le missionnaire quitta de nouveau Maurice pour Madagascar.

III

Quand le bâtiment qui portait le voyageur arriva en vue de Tamatave, un employé monta à bord, s'enquit de l'état sanitaire de l'équipage, et signifia que jusqu'à nouvel ordre il fallait rester en quarantaine. Au bout de huit jours, lorsqu'il fut bien constaté qu'aucun symptôme de choléra n'existait à bord, les communications avec la terre furent autorisées, et le missionnaire eut la permission, que la première fois il n'avait pas obtenue, de débarquer son bagage, après cependant une visite préalable de la douane. Un Français, M. Provint, mit à la disposition de M. Ellis une jolie maison indigène, avec son grand toit triangulaire, sa véranda soutenue par des colonnes de bois, ses fenêtres symétriques, et ses cloisons faites de planches bien ajustées. Cette habitation s'ouvrait sur une sorte de place qui présentait dès le matin un spectacle de grande animation. De jeunes filles esclaves, à la physionomie agréable et vive, les cheveux tressés en petites nattes ou relevés en épais bandeaux, vêtues de chemises blanches et de jupes de couleur, venaient, portant des bambous longs de sept à huit pieds, chercher de l'eau à un puits protégé par une margelle de bois. Elles puisaient le liquide avec de larges cornes de bœuf, et repartaient avec leurs singuliers vases en équilibre sur chaque épaule.

Le missionnaire fut traité avec une extrême bienveillance. Ses anciennes connaissances se rappelaient à son souvenir par des présents de gibier et de volaille ; chacun témoignait du plaisir de le revoir, et, peu de jours après son débarquement, il fut convié avec les autres résidents étrangers à un grand repas donné à l'occasion de l'une des principales fêtes de Madagascar, le renouvellement de l'année, qui est fixé dans l'île au solstice de juin. Dès le 24, tous les travaux cessèrent ; les chefs et les officiers de Tamatave, en grand costume, chacun accompagné de sa suite, se faisaient porter en palanquin chez le gouverneur pour lui rendre leurs devoirs. Le peuple avait revêtu ses habits de grande fête ; les hommes en *lambas* blancs, les femmes en jupes de couleur, leurs cheveux noirs tressés en quantité de boucles et de nœuds, ce qui donne à leur physionomie quelque chose d'un peu raide, s'en allaient par groupes de famille visiter leur parents et leurs amis, comme on fait en Europe. Vers le soir, toute la population se mit à se baigner, puis des milliers de torches de sapin s'allumèrent dans toutes les directions, à un signal donné, disait-on, de la capitale. Le souverain allume le premier feu, de proche en proche chacun l'imite, et une illumination immense couvre l'île entière. Le lendemain, on échangeait des présents. M. Ellis ne fut pas oublié ; il eut pour sa part quantité de volailles et un quartier de bœuf entier, avec la peau et les poils, qui lui était porté de la part des autorités. Enfin, quelques jours après, eut lieu le repas qui devait terminer les fêtes. Les résidents étrangers et les fonctionnaires les plus élevés, vingt convives en tout, hommes et femmes, car celles-ci ne sont pas séquestrées, avaient été invités à la table du gouverneur ; mais comme celui-ci continuait d'être malade, le chef-juge, *père des grandes pensées*, avec lequel nous avons fait précédemment connaissance, fut appelé à remplir à sa place les fonctions de maréchal ou président du festin. À cinq heures et demie, les convives commencèrent à se présenter dans leurs palanquins au lieu désigné ; une double file de soldats, une pièce d'étoffe blanche suspendue aux reins, une écharpe de même couleur sur leurs épaules nues, armés les uns de fusils, les autres d'épées, rendaient les honneurs militaires ; le chef-juge, à l'entrée de la salle, recevait les convives, et une musique de fifres et de tambours jouait les airs nationaux de Madagascar. Les dignitaires et les officiers étaient en costumes militaires, on ne saurait dire en uniformes, car la plus grande diversité régnait dans leurs vêtements, dont certaines parties semblaient empruntées aux milices américaines, aux gardes nationales françaises, aux soldats anglais. L'écarlate prévalait, et les épaulettes d'or ainsi que les plumes au chapeau semblaient de rigueur. Tous, ils eussent été beaucoup mieux recouverts de larges pièces d'étoffe et de *lambas*. De même les femmes portaient avec une gêne visible quelques oripeaux, débris attardés des modes européennes. Le repas aussi était une imitation européenne ; une seule trace d'originalité consistait dans le service du *jaka*. Une grande table était dressée avec nappe, assiettes, couverts, et le nom des convives inscrit sur un morceau de papier à la place de chacun d'eux. Le missionnaire eut l'honneur de s'asseoir auprès de la maîtresse de la maison, en face de deux officiers, dont l'un parlait l'anglais et l'autre le français assez intelligiblement. On servit un potage, des viandes, des volailles, comme on eût pu le faire à Bourbon ou à Maurice. Seulement le milieu de la table était occupé par un grand plat dans lequel était disposé le *jaka*. On appelle ainsi un morceau de bœuf conservé depuis la fête précédente, c'est-à-dire depuis un an, et coupé en petits morceaux. Manger ensemble le *jaka*, c'est faire alliance et amitié pour l'année entière. Ce bœuf, raccorni et desséché, avait un aspect noirâtre. Dès que chacun eut pris place, le président du festin se leva, prononça un *speech* en l'honneur de la souveraine, saisit délicatement avec deux doigts un morceau du mets national, et fît circuler le plat. Chacun l'imita, et on se mit à manger en silence et avec recueillement. Ensuite le repas suivit son cours avec beaucoup d'animation et de vivacité. Il touchait à sa fin, lorsqu'entrèrent deux esclaves qui s'assirent aux pieds de la maîtresse de la maison et se mirent à préparer le café. Puis on passa dans une pièce voisine, tapissée de papier français représentant les victoires de Napoléon ; un nouveau *speech* fut prononcé au nom de la reine, après quoi on but des liqueurs à sa santé dans des verres à patte. Le concert de tambours et de clarinettes recommença. Enfin, vers les neuf heures, chacun remonta dans son palanquin.

En retour de tant de bons procédés, le missionnaire laissait sa porte ouverte : aussi du matin au soir sa maison ne désemplissait pas de visiteurs. On y parlait l'anglais, le français, le malgache ; beaucoup s'exerçaient à lire, à écrire ; les volumes et les journaux illustrés avaient le plus grand succès : c'était à qui contemplerait, dans les numéros de l'*Illustrated*

London News, la reine Victoria, lord Palmerston ou les funérailles du duc de Wellington. On sollicitait aussi de l'Européen des consultations médicales, car la petite caisse de médicaments dont il était muni lui donnait un air de grand docteur, et il fallait qu'il soignât des fièvres, des maux de tête, et que de temps à autre il arrachât une dent. En échange, on lui enseignait la vertu des herbes médicinales contre les piqûres des mille-pieds, des scorpions et des autres bêtes venimeuses qui abondent à Madagascar. Ce qui mit le comble à la popularité du missionnaire, ce fut l'heureux emploi qu'il fit de son appareil photographique. Quand cette machine étrange avait passé par les mains de la douane, elle avait excité une extrême curiosité ; ce fut bien autre chose lorsque, l'appareil installé par un beau jour, un des assistants fut invité à se placer en face. C'était un homme qui portait un signe sur la joue. L'expérience achevée, chacun se précipita pour contempler le résultat : l'image était venue à merveille. Quand on vit cette figure si ressemblante, avec son signe particulier, ce fut un cri unanime de joie et d'admiration. Tous voulaient avoir de même leur ressemblance prise par le soleil : les femmes couraient chercher leur peigne et de petits miroirs pour s'ajuster, les hommes tiraient des coffres leurs plus somptueux *lambas* écarlates ou jaunes ; seulement ils se montrèrent quelque peu désappointés quand le missionnaire leur fit savoir qu'il n'avait pas le moyen de reproduire ces riches couleurs. Beaucoup demandaient qu'on les représentât avec leur maison ; mais ce n'était pas une opération facile, parce qu'au moment où l'appareil était ajusté, il y avait toujours quelque indiscret qui se jetait au-devant pour figurer dans le tableau. D'ailleurs avait son portrait qui voulait, à la seule condition de permettre au missionnaire de s'en réserver une épreuve, et c'est ainsi que celui-ci a composé une collection ethnologique d'un grand prix, où figurent les types des familles diverses et mélangées qui peuplent Madagascar. On y retrouve le noir aux cheveux laineux, qui évidemment a abordé l'île par le canal de Mozambique ; l'Indien, qui doit y être descendu par les Maldives et les groupes d'îlots et de rochers qui s'échelonnent jusqu'au cap d'Ambre, et le Polynésien, apporté de bien plus loin encore par le Pacifique et la mer des Indes. Le Hova s'y distingue par un angle facial ouvert, un front développé, ses cheveux lisses, ses traits assez bien proportionnés et son teint souvent clair. Ces hommes rappellent les Peulhs ou Fellatahs, que les voyageurs Barth et Baïkie nous ont montrés subjuguant l'Afrique intérieure de Timbuktu, sur le Niger, à Yola, dans l'Adamawa. Le rapprochement des langues indique qu'il existe entre les Hovas et les Polynésiens des rapports de famille ; les mêmes mots servent à désigner le cocotier, le pandanus, qui croissent également sur les rivages de Taïti et sur ceux de Madagascar, ainsi que nombre d'autres objets. Toutefois la structure des phrases et la composition des verbes sont bien plus savantes et plus compliquées dans la langue malgache. Les Sakalaves, habitants de la côte occidentale, semblent appartenir aux races noires de l'Afrique ; cependant ils rappellent par certaines de leurs habitudes, empruntées peut-être à d'autres familles d'émigrés, les populations asiatiques de Ceylan et de l'Inde ; les Betsimasarakas paraissent être le produit d'un mélange noir et malais ; enfin toutes les nuances et toutes les dégradations entre ces divers types peuvent être observées chez les

152

nombreuses tribus que la conquête hova a récemment groupées sous une même dénomination.

Le marché de Tamatave, où se trouvaient rassemblés des produits de l'île entière, présentait aussi un spectacle fort intéressant et propre à faire connaître l'état actuel de l'industrie dans la société malgache. Ce marché se tient journellement sur une grande place ; il est abondamment fourni de céréales, surtout de riz et de manioc ; les produits étrangers y sont représentés par des cotonnades blanches et imprimées, et ceux de l'industrie indigène par des instruments aratoires, des armes, des *lambas*, des tissus faits de la feuille d'une espèce de palmier appelé *rofia*, qui constituent presque uniquement le costume des classes laborieuses, par des chapeaux de jonc tressé, des nattes, des corbeilles, et par ce mélange de tabac, de cendres et de sel si estimé de toute la population. Tous ces articles étaient répandus sur le sol ou disposés sur de petites plates-formes de terre et de sable soutenues par des omoplates de bœufs. Des huttes entières étaient remplies de barils d'un arak fait avec du jus de canne fermenté ; plusieurs robinets coulaient sans discontinuer, et il était facile de voir, à la tenue de beaucoup d'indigènes, que les lois de tempérance imposées autrefois par Radama étaient tombées en désuétude. Des animaux vivants, dont plusieurs sont d'une grande rareté, ne formaient pas la partie la moins intéressante de cette exposition malgache ; dans le nombre se trouvaient des lemurs, animal qui semble, ainsi que l'aye-aye, être particulier à Madagascar. La tête allongée du lemur rappelle celle du renard ; il a les oreilles courtes et velues, le corps blanc et noir couvert d'un pelage laineux et abondant, une longue queue touffue, les membres de derrière

153

plus forts que ceux de devant. Son agilité égale celle du singe. On l'apprivoise assez facilement. Il n'en est pas de même de l'aye-aye : c'est un animal extrêmement rare, à la mine éveillée, avec une tête ronde et de larges oreilles, le corps couvert d'un poil raide, la queue touffue, et rappelant aussi le singe par plusieurs de ses habitudes. M. Ellis eut le regret de ne pouvoir joindre un de ces animaux à la riche collection qu'il a emportée de l'île.

Parmi les produits de l'industrie indigène, la vannerie, les nattes et les outils de fer méritent surtout l'attention. L'intérieur de l'île est tellement riche en minerai, qu'il y a une région appelée d'un nom qui signifie la montagne de fer, Ambohimiangavo. Les procédés employés pour travailler ce métal ont fait des progrès, grâce à quelques Européens ; ils seraient encore susceptibles de beaucoup d'améliorations ; cependant ils fournissent des ouvrages d'un travail assez délicat.

Le marché au bétail, qui venait d'être rouvert, présentait une physionomie particulière ; on y voit figurer seulement des bœufs buffalos, avec une bosse entre les épaules. Les indigènes, qui estiment par-dessus tout cette espèce, n'ont jamais voulu permettre l'introduction de celles du Cap ; entre eux, le commerce du bétail n'a aucune activité, et il doit tout son intérêt à l'exportation. Les bâtiments qui viennent prendre un chargement fixent le nombre de têtes qu'ils demandent, et dont le prix est tarifé à 15 dollars chacune par l'administration, ce qui semble un taux bien élevé pour Madagascar. Ordinairement c'est cent ou cent cinquante animaux ; on en amène en plus une vingtaine, pour que les acheteurs puissent éliminer les sujets les moins avantageux ; puis le troupeau est conduit sur le rivage. L'embarquement est la grande affaire ; il s'effectue assez promptement, avec un système de câbles des plus compliqués. À bord, quand la traversée dépasse vingt jours, il est rare qu'on ne perde pas un certain nombre d'animaux ; aussi y aurait-il grand profit pour les bâtiments qui font ce commerce à employer la vapeur, car Bourbon et Maurice dépendent entièrement de la grande île sous le rapport du bétail. Sur les divers marchés, les paiements se font en dollars, moitié et quart de dollars. Des changeurs sont chargés de couper et de peser ces pièces de monnaie.

Cependant la lettre adressée par M. Ellis à la cour d'Atanarive avant son départ de Maurice était restée sans réponse ; le voyageur renouvela sa demande : on lui fit savoir qu'il fallait qu'elle fût signée en même temps de M. Caméron. Vainement objecta-t-il que son compagnon avait été appelé au Cap et n'avait pu le suivre cette fois. Enfin, comme il insistait, on lui opposa la crainte du choléra. En effet, le fléau sévissait en ce moment à Maurice avec une nouvelle fureur, et les précautions les plus minutieuses étaient prises à Madagascar contre son invasion. Tous les articles importés étaient exposés quarante jours durant à l'air et au soleil ; les dollars acceptés en échange du bétail devaient être enterrés pendant un même espace de temps, et tous les bâtiments, de quelque provenance qu'ils fussent, étaient astreints à une quarantaine complète. M. Ellis dut donc cette fois encore renoncer à l'espérance de parvenir jusqu'à la capitale ; du moins, pour ne pas borner sa visite à Tamatave, il résolut de faire le long du littoral une excursion à Foule-Pointe.

Ce voyage s'accomplit par le bord de la mer, à l'ombre de ces immenses forêts qui forment à l'île entière comme une ceinture de défense ; la puissante végétation des tropiques s'y étale dans toute sa splendeur : des lianes inextricables, des parasites gigantesques, d'énormes fougères s'y enlacent et s'y mêlent aux épaisses et sombres chevelures des pandanus, aux légères couronnes des cocotiers, aux amples et vigoureuses palmes de l'arbre du voyageur. Celui-ci (*urania speciosa*) sert, comme le baobab, de réceptacle à l'eau des pluies et la conserve dans les lieux les plus arides ; mais ce n'est pas son tronc lisse et compacte, ce sont les tiges flexibles de chacune de ses feuilles qui retiennent, comme autant de tuyaux, le précieux liquide ; il suffit d'une incision légère pour en faire couler une eau claire et toujours fraîche. À ces puissants feuillages, aux lianes qui montent, retombent et serpentent, se suspendent les fleurs les plus éclatantes et les plus variées. C'est un spectacle d'une beauté sans égale, mais en présence duquel on respire la mort. Quand les nombreuses rivières qui descendent de la chaîne des montagnes intérieures, gonflées par les pluies et refoulées par les sables de leurs barres, se répandent en marécages le long de la côte, les détritus de cette luxuriante végétation exhalent des miasmes mortels, même pour les indigènes ; ceux-ci ne connaissent aucun remède contre la terrible fièvre des bords de la mer, et c'est ce fléau, plus encore que le génie hostile de Ranavalo, qui protège l'indépendance de Madagascar. Ses pernicieuses influences ne se font plus sentir à environ huit lieues du rivage, l'air devient alors parfaitement sain et pur ; mais, comme le littoral seul peut servir de point de départ aux établissements des Européens, l'obstacle subsistera dans toute sa force jusqu'à ce qu'il soit possible d'assainir par des travaux de canalisation et de grands abatis d'arbres des portions de la côte.

Peu d'animaux fréquentent ces forêts : on y voit surtout des oiseaux aux brillants plumages, des lézards jaunes, bruns, rayés, vert émeraude, et des serpents pour lesquels les indigènes ressentent une terreur superstitieuse. Ils ne les tuent pas. M. Provint raconta à son hôte qu'un jour à son réveil, après avoir dormi en plein air, comme il relevait sa natte, il vit avec horreur qu'un serpent long de six pieds et gros comme le bras s'était contourné dessous en spirale, faisant pendant la nuit office de matelas. Il appela ses serviteurs, mais ceux-ci, au lieu de tuer le reptile, se contentèrent de le frapper légèrement avec une baguette, en lui disant : « Va-t'en, serpent, va loin d'ici. » Ces grosses espèces ne sont pas venimeuses et ne s'attaquent guère qu'aux petits quadrupèdes. Les crocodiles, dont les rivières, les lacs et les moindres cours d'eau fourmillent, partagent les bénéfices de la crainte superstitieuse que les reptiles inspirent ; souvent leur longueur dépasse quinze pieds ; ils peuvent guetter leur proie en toute sécurité. Les indigènes les invoquent comme des êtres surnaturels, et les conjurent à l'aide de talismans ; ils semblent même en avoir fait leur animal national, car une mâchoire de crocodile figurée en or est le principal ornement de la couronne hova.

M. Ellis, étendu dans un palanquin suspendu par deux longues perches que soutenaient quatre porteurs, suivi d'une demi-douzaine de serviteurs chargés de son appareil photographique, de sa boîte à thé, de son sac de voyage, des ustensiles de cuisine, cheminait lentement sous les gigantesques ombrages de la forêt, à travers des sentiers à peine tracés, s'arrêtant pour reproduire par un rayon de soleil l'inextricable fouillis des fougères, des grands arbres, des racines et des fleurs enlacés. De loin en loin, dans une éclaircie, on entrevoyait quelque village au bord de la mer, dont les flots venaient expirer au pied de la forêt. Après quelques jours de ce trajet, le voyageur déboucha sur un plateau d'où la vue s'étend au loin et domine de vastes espaces de la forêt et de la mer. Au bas du plateau, sur le rivage, s'étend Foule-Pointe ; naguère c'était un des ports ouverts par Radama au commerce européen, et ce point, comme tant d'autres sur cette côte, depuis la baie d'Antongil jusqu'au Fort-Dauphin, a retenti du nom de la France. C'est là qu'à la fin du XVIIIe siècle l'aventurier Benyovsky, prisonnier des Russes, voyageur en Chine, chef d'une expédition française, vint se présenter aux populations comme le descendant d'un de leurs chefs indigènes, et réussit à régner douze ans sur les tribus de Mahavelona. Des guerres intestines, les misères de la traite ont depuis désolé ce rivage, et ce fut en vain que M. Ellis chercha à évoquer dans la mémoire de ses habitants actuels le souvenir de l'aventurier polonais.

À Foule-Pointe, comme à Tamatave, le missionnaire reçut, le meilleur accueil. Il poursuivit quelque peu encore son excursion, complétant sa moisson de plantes et de fleurs ; puis il reprit le chemin de Tamatave, d'où il gagna Maurice et le Cap. C'était seulement dans une troisième visite qu'il allait pouvoir pénétrer jusqu'à la capitale des Hovas, but de ses persévérants efforts.

IV

Ce fut à Londres, où il s'était rendu après son séjour au Cap, que M. Ellis reçut la permission, tant de fois sollicitée, de visiter Atanarive. Pour mettre à profit sans retard la bonne volonté de la despotique souveraine, il s'embarqua en mars 1856 sur un *steamer* de la compagnie orientale. Cette fois, au lieu de doubler le Cap, il suivit ce qu'on appelle la route de terre (*overland*), c'est-à-dire la Méditerranée, l'isthme de Suez, et se rembarqua sur la Mer-Rouge. Vingt-deux jours après il était à Ceylan. De là, retraversant la mer des Indes, il gagna Maurice, et au mois de juillet il revit Tamatave.

La réouverture de ce port lui avait donné une physionomie plus animée que précédemment, et le commerce avait accru le bien-être des habitants, comme il était facile de s'en apercevoir au costume et à la tenue générale. Dans l'intervalle de deux années, des quantités énormes de riz et plus de quatre mille bœufs avaient été exportés dans les seuls ports de Maurice. Cependant cette prospérité venait de subir un fâcheux ralentissement à la suite du bruit qui s'était répandu d'une expédition concertée par la France et l'Angleterre contre Madagascar, et peut-être le désir de se rapprocher de l'Angleterre n'était-il pas étranger à la détermination, prise enfin par la défiante Ranavalo, d'entr'ouvrir les portes de sa capitale. On remit au missionnaire une lettre du prince royal dans laquelle celui-ci lui adressait ses compliments et se promettait un grand plaisir de sa visite ; puis le secrétaire du gouvernement de la reine fit donner à M. Ellis un laisser-passer jusqu'à la capitale, accompagné d'un permis de séjour d'un mois. De son côté, le missionnaire était chargé d'un message d'amitié de son gouvernement et de divers présents, parmi lesquels figurait un télégraphe électrique, qu'il s'était exercé, pendant deux mois de son séjour à Londres, à manier, afin de faire connaître à ses amis de Madagascar, qui l'en avaient souvent sollicité, cette merveilleuse invention. En passant par les mains de la douane de Tamatave, l'appareil excita au plus haut point l'intérêt et la curiosité. Le gouverneur s'empressa de prier M. Ellis de vouloir bien faire fonctionner devant lui le télégraphe, et il se rendit, accompagné des principaux de la ville à la demeure de M. Provint, où l'appareil avait été transporté, parce que la foule ne cessait d'encombrer la maison du missionnaire. Le rapport du fil avec les batteries, les propriétés de la pile, le jeu des aiguilles, excitaient l'admiration ; mais l'enthousiasme fut à son comble lorsque, l'instrument dressé, M. Ellis se mit à converser avec le gouverneur à la distance de 50 mètres, et en faisant comprendre qu'il ne faudrait pas plus de temps pour causer d'un bout de l'île à l'autre.

C'était sous l'influence de telles impressions que le voyageur faisait ses préparatifs de départ avec la certitude d'être partout le bienvenu. Il allait quitter Tamatave, lorsque des officiers arrivèrent de la capitale, chargés par Ranavalo de rendre les plus grands honneurs funèbres à M. de Lastelle, notre compatriote, qui venait de mourir. Il y avait vingt-sept ans que ce Français, alors capitaine de la marine marchande de Saint-Malo, s'était fixé à Madagascar, où il avait remplacé un autre de nos compatriotes, M. Arnoux, dans la direction d'une sucrerie établie sur la côte, à Mahéla. Au milieu des vicissitudes du règne de Ranavalo et des persécutions imposées aux étrangers,

M. de Lastelle avait dû à son activité et à ses services de se concilier la faveur de la terrible souveraine ; il avait entrepris, de concert avec elle, d'introduire en grand la culture de la canne, et les frais d'établissement, qui s'étaient élevés à plus de 10 millions, avaient été compensés par de sérieux profits. En 1838, on l'avait vu venir échanger à Marseille une cargaison des produits de l'île contre des articles de notre commerce, et il avait entrepris de faire cultiver dans ses plantations nos fruits et nos céréales. Ce Français, qui avait rendu de vrais services à Madagascar et à notre commerce, venait de mourir subitement à la suite d'une trop forte ingestion de chloroforme. La faveur de la reine prétendait le suivre au-delà du tombeau, et des ordres avaient été donnés pour qu'on lui rendît les honneurs dus aux premiers sujets malgaches. En conséquence, la veuve du défunt, fille de l'un des anciens chefs héréditaires des Betsimasarakas, accompagnée de tous ses parents en habits unis et grossiers, signe de leur deuil, — les fonctionnaires de Tamatave et les délégués de la reine, ceux-là revêtus de leurs *lambas*, ceux-ci en uniformes bleus, avec épaulettes et galons d'or, se rassemblèrent dans la maison du chef-juge, rendez-vous habituel pour les grandes cérémonies. Plusieurs éloges funèbres furent prononcés ; dans celui de l'orateur envoyé par la reine, on remarquait cette apostrophe, suggérée par les mérites et la haute valeur du défunt : « La souveraine aurait donné 2,000 dollars ; que dis-je ? 3,000 dollars ; que dis-je ? 5,000 dollars, pour racheter la vie de ce bon serviteur ! » Ensuite des coups de canon et de fusil furent tirés, puis on égorgea six bœufs, on défonça des tonneaux d'arak, et la cérémonie se termina par une orgie du bas peuple et

161

des esclaves, tandis qu'un grand dîner réunissait les résidents anglais, français, allemands, au nombre d'une douzaine, aux fonctionnaires de Tamatave et aux officiers royaux.

La cérémonie funèbre achevée, M. Ellis se mit en route, escorté de plusieurs grands personnages de Tamatave et des provinces voisines qui se rendaient, comme lui, à la capitale. Madagascar n'a pas encore d'autres routes que celles qu'y ont tracées les sabots des bœufs et les pieds nus des indigènes. Ceux-ci n'emploient ni chariot ni bêtes de somme ; les bagages étaient donc portés à dos d'hommes renfermés dans des caisses recouvertes de longues feuilles de pandanus liées avec les tiges flexibles d'une espèce de vigne vierge, ce qui leur constitue une enveloppe imperméable, même dans les fortes pluies. Parmi ces caisses, il y en avait une qui était l'objet d'égard particuliers, que l'on ne touchait qu'avec le plus grand respect, et sur laquelle s'asseoir eût été un sacrilège ; c'était celle dans laquelle le voyageur avait déclaré que les présents destinés à la reine étaient contenus. Une longue file d'esclaves et de serviteurs à gages, les un avec leurs fardeaux sur les épaules, les autres les portant suspendu à de longs bambous, cheminait lentement, et au milieu de cette caravane s'avançaient dans leurs palanquins les seigneurs hovas et le missionnaire. C'était l'administration qui avait fourni à celui-ci son palanquin, et à cette occasion il avait eu un exemple du système de réquisitions mis en usage par le gouvernement. La grande toile de *rofia* destinée à protéger son véhicule contre la pluie et le soleil avait été oubliée ; aussitôt, sur un ordre du gouverneur, deux matrones, suivies de vingt trois jeunes filles, se présentèrent, et en un moment l'ouvrage fut confectionné.

À neuf milles au sud de Tamatave, le voyageur passa l'Hivondro, large rivière infestée de crocodiles, qui coule à travers des rives plates et boisées ; il marchait parallèlement à la mer, et le paysage changeait souvent d'aspect, offrant le spectacle successif de forêts, de lagunes, de plaines de sable, de fougères et de hautes bruyères. La caravane franchit en toute hâte une région désolée : c'était une forêt morte tout entière, et cependant encore debout ; les arbres sans feuilles et sans écorce, revêtus d'une teinte blanchâtre, entremêlaient leurs rameaux desséchés ; seules des orchidées et quelques fougères, rampant sur les troncs et le long des branches, donnaient signe de vie, et des marais stagnants exhalaient leurs miasmes impurs dans cette atmosphère de fièvre et de mort. La côte entière est insalubre ; cependant de distance en distance apparaissaient quelques villages dont les habitants, qui subsistent de pêche et d'un peu de culture, ne paraissent pas souffrir de ce climat, aussi pernicieux aux indigènes de l'intérieur qu'aux Européens. C'est là que croissent, au milieu des mangroves, des palmistes et des magnolias, le strychnos et le tangène, dont les principes vénéneux ont joué un grand rôle dans le système judiciaire de Madagascar : les accusés buvaient le suc du tangène, et les questions de culpabilité étaient tranchées par cette espèce de jugement de Dieu. Cet usage tend à disparaître, et les applications en sont devenues beaucoup plus rares depuis Radama.

À l'embouchure de l'Iharoka, seize de ces canots taillés dans une souche d'arbre qui servent à la navigation des nombreuses rivières de Madagascar reçurent les bagages et les voyageurs. Ceux-ci, laissant le bord de la mer pour remonter le fleuve pendant quelques milles, se dirigèrent à l'ouest, droit sur Atanarive. À mesure qu'on s'éloigne de la côte, l'air s'assainit ; les villages se pressent davantage, et leurs habitants, plus industrieux, semblent jouir de plus de bien-être. Le terrain s'élève graduellement, formant des lignes successives de hauteurs couronnées d'arbres et de vallées tapissées d'une luxuriante verdure. Çà et là, de larges blocs de quartz gisent sur le sol. Quelques rivières coupaient la route ; on les passait en canot, et des troncs d'arbres jetés sur les ravins et sur les torrents servaient de ponts. Souvent près des villages, sur des hauteurs d'où l'œil embrasse d'immenses horizons, on voyait se dresser des monticules de terre enfermés entre quatre murs de pierre hauts de cinq ou six pieds, et surmontés d'une petite construction en pierre ; ce sont des sépultures hovas. Les Malgaches en général professent un grand culte pour les morts et pour les ancêtres ; d'ailleurs ils n'ont pas de système religieux bien arrêté : des superstitions, quelques idées incertaines de transmigration, voilà tout ce que leur ont apporté leurs ancêtres venus de la Polynésie et de l'Inde, ce qui paraît rejeter vers des temps très reculés les migrations qui, de ce côté, ont contribué à peupler Madagascar. Un même mot vague sert à désigner la Divinité, les phénomènes surnaturels et tout ce qui passe l'intelligence, le mot *zanahary* ; plus d'un indigène le prononça en contemplant les merveilles de la photographie et du télégraphe électrique. En l'absence de divinités bien définies, les chefs ont revendiqué pour eux-mêmes les hommages de la piété publique, prétendant tenir de leurs aïeux un caractère sacré. Ce fait explique la violence des persécutions qui ont frappé le christianisme ; on reprochait à la fois à ses adhérents de trahir l'autorité royale et de renier leurs ancêtres : « Que ces étrangers, disaient les Malgaches rebelles à la religion chrétienne, en parlant des missionnaires, gardent leur ancêtre le seigneur Jésus, et qu'ils nous laissent adorer les nôtres. » Aux Arabes, qui ont sillonné Madagascar aussi bien que l'Afrique entière, les indigènes ont emprunté quelques pratiques, par exemple la circoncision, sans s'arrêter à aucun des principes fondamentaux de l'islamisme.

À mesure qu'on approchait de la capitale, les indices de la conquête et de la puissance des Hovas étaient plus apparents. Les villages de cette population belliqueuse et dominatrice étaient perchés sur des hauteurs et entourés de fortifications comme nos manoirs féodaux du moyen âge. Dans les champs, la culture semblait plus généralement abandonnée aux esclaves. L'esclavage, très répandu dans l'île, n'a pas semblé à M. Ellis aussi oppressif qu'on pourrait le croire : c'est une espèce de domesticité qui n'a, dit le missionnaire, rien de comparable aux horreurs de l'esclavage dans les Indes occidentales ; toutefois il n'est pas rare de voir un malheureux allant à sa besogne avec un collier de fer au cou ou une espèce de carcan, en punition de quelque faute. Le prix d'un esclave mâle est de 70 à 100 dollars, et celui d'une femme moitié moindre. On a parlé de cruautés excessives exercées à la côte ouest par les Hovas sur les Sakalaves ; la relation du révérend Ellis ne nous met pas à même d'apprécier le degré d'exactitude de ces faits.

Après vingt jours de marche et un parcours de trois cents milles, les voyageurs parvinrent à un village assis sur le rebord d'une chaîne de granit et appelé de sa situation *Ambatomanga*, le *Rocher bleu*. Ils étaient aux portes d'Atanarive. Trois cavaliers vinrent les prendre pour les introduire dans la capitale, et bientôt la *cité des mille villages* se déroula sous leurs yeux. Atanarive s'étend sur un plateau ovale long d'une demi-lieue qui domine la contrée environnante et s'élève à sept mille pieds au-dessus du niveau de la mer. Vers le centre, sur une éminence appelé *Tampombohitra*, ce qui signifie la *Couronne de la cité*, se dresse le palais, construction la plus importante et la plus vaste de la ville. Il a soixante pieds d'élévation, et son toit aigu, sur lequel s'ouvrent trois étages de fenêtres, est surmonté d'un emblème représentant en bois doré un oiseau de proie, espèce de vautour appelé *vozomahery*, littéralement l'oiseau du pouvoir. Une véranda coupée en deux par un balcon enveloppe ses murs. À côté de la résidence royale s'élève une construction analogue, mais de moindres proportions : c'est la demeure du prince royal, et des deux côtés, sur la crête de la hauteur, s'alignent les maisons des autres membres de la famille royale et des principaux officiers du gouvernement. Plus bas s'étendent, sans beaucoup de régularité, les habitations particulières avec leurs toits aigus de chaume et de gazon. L'aspect uniforme de toutes ces maisons, la couleur sombre de leurs murs de bois et la nudité du plateau sur lequel elles sont assises composent un ensemble sévère qui contraste tristement avec la riche végétation des vallées environnantes. Le feuillage de quelques figuiers épars dans les enclos et l'angle aigu qui termine la toiture du palais rompent seuls la monotonie de la masse de rochers de granit et de maisons de bois qui de loin signalent Atanarive.

Parvenu aux premières maisons éparses au bas du plateau, le voyageur escalada une espèce de rue large, mais inégale et raboteuse, taillée souvent dans le roc vif, et atteignit une porte de pierre qui donne sur une des places de la ville, et en dehors de laquelle étaient postés une douzaine de soldats qui présentèrent les armes aux officiers royaux. On lui fit l'honneur de le conduire jusqu'au Tampombohitra, cette acropole où se dressent, autour du palais, les habitations des grands personnages, et, après avoir traversé un dédale de rues et de ruelles dont les habitants se pressaient sur son passage avec une curiosité bienveillante, M. Ellis s'arrêta devant un enclos assez spacieux enfermant trois jolies maisons de deux étages ; alors un des officiers le prit par la main, l'introduisit dans l'intérieur et lui fit savoir que c'était la résidence qui lui était assignée par le bon vouloir de la reine. L'étage inférieur, qui devait particulièrement servir à l'habitation du missionnaire anglais, se composait de deux pièces d'inégale grandeur, recouvertes l'une et l'autre de nattes épaisses. Le lit, dressé sur quatre pieds et chargé de nattes, était, comme les fenêtres, protégé par des rideaux de mousseline blanche ; quatre chaises, un fauteuil, une table recouverte d'un tapis et munie de verres et d'un pot à eau, un miroir suspendu à la muraille, complétaient l'ameublement. Grâce à la sollicitude de l'hospitalité malgache, M. Ellis eût certainement pu se croire dans la chambre d'un petit hôtel garni européen. L'étage supérieur était réservé à ses gens, et des deux autres maisons enfermées dans l'enclos, l'une était destinée à ses bagages, l'autre était occupée par une famille hova indigène qui lui fit offrir l'entière disposition du local, ce qu'il ne fut pas nécessaire d'accepter.

Le lendemain, quatre officiers, couverts de riches *lambas*, vinrent, de la part de la reine, visiter le voyageur, lui apporter un présent de bœuf et de volailles, s'informer de la santé de la reine Victoria, du prince époux, de l'état de l'Europe et de la prospérité de l'Angleterre ; puis, vers le soir, ce fut le prince royal lui-même, Rakotond-Radama, qui se fit annoncer. Ce personnage, auquel les circonstances paraissent réserver un rôle décisif dans les destinées de Madagascar, est né en 1830. C'est un homme de petite stature, aux manières ouvertes et franches, le front légèrement en arrière, les cheveux d'un noir de jais, frisant à leur extrémité, le nez aquilin, la lèvre supérieure surmontée d'une moustache, la lèvre inférieure un peu épaisse. Si la photographie rapportée par M. Ellis est bien exacte, nous ne saurions trouver à la physionomie du prince autant d'intelligence que le veut le missionnaire ; il est vrai que son air de gêne et de gaucherie résulte peut-être du col droit et du costume ridicule de général européen dont il est affublé.

La conversation s'engagea en anglais et roula sur l'excellence des lois anglaises, l'alliance de la France et de l'Angleterre, la paix qui venait de terminer la guerre de Russie, le christianisme protestant et le catholicisme. Le prince se fit expliquer le sens du mot *protection* appliqué par de grandes nations de l'Europe à certains états ; il s'enquit avec inquiétude des projets que l'on prêtait alors à la France contre Madagascar, témoigna au missionnaire beaucoup de bienveillance personnelle, et déploya dans l'entretien plus de vivacité qu'on ne pouvait s'y attendre d'après le calme de ses manières. Le lendemain, ce fut le prince Ramonja, cousin du prince royal et troisième personnage de Madagascar, qui se présenta chez l'Européen ; l'entretien roula sur les mêmes sujets, et fut également amical. Les visites de bienvenue se succédèrent ainsi durant plusieurs jours, et amenèrent les uns après les autres des dignitaires de tous grades. À Madagascar, les fonctionnaires civils sont classés, de même qu'en Russie, à l'imitation des officiers militaires, et répondent à des catégories définies ; c'est ce que l'on appelle premier, second, dixième, treizième honneur. Les présents abondaient aussi de la part de Rakotond, de sa femme, la princesse Rabodo, nièce de la reine et de Ramonja ; puis le prince royal fit dire à son hôte qu'il voulait lui faire lui-même les honneurs de la contrée environnante, et qu'il mettait à sa disposition un cheval et un palanquin. Un matin donc M. Ellis se rendit au lieu assigné, dans un des faubourgs où se tenait un marché assez semblable à celui que nous avons vu à Tamatave. La population, très considérable, se pressait pour voir le prince et l'étranger. Des soldats, avec leurs canons montés sur des affûts de bois, formaient la haie, et des officiers portaient une épée d'argent à large poignée que chacun saluait en passant : c'est le *Tsitialinga*, ce qui veut dire *haine des mensonges*, un des emblèmes du pouvoir auquel on attribue la propriété de révéler les crimes et de faire connaître les coupables. Quand la terrible épée a accusé un homme et qu'on l'a plantée dans sa porte, le malheureux est mis hors la loi, et nul n'oserait lui donner asile.

Le cortège visita plusieurs résidences royales situées dans les environs de la ville, et notamment le palais d'Isoaierana, qui a été bâti pour Radama par un Français, M. Legros. C'est une belle construction, dans le style du pays, mais en bois d'ébène et d'érable, avec de magnifiques lambris, des attiques, un plancher en mosaïque, une double véranda et de riches ornements à la toiture. Autour de la capitale, il y a des routes assez bien entretenues, et on traverse les rivières sur des ponts de construction grossière, mais solide, faits de roches massives, et dont les arches sont inégales. On rentra dans Atanarive par l'Ambohipotsi, qui en est la roche Tarpéienne : c'est un plateau nu de granit, élevé de trois à quatre cents pieds au-dessus du sentier qui contourne la ville, et d'où les criminels sont précipités.

Quelques jours après, le prince proposa de renouveler cette excursion ; sa femme, la princesse Rabodo, devait être de la partie, et il résolut cette fois de se montrer dans toute la magnificence de sa pompe royale. Vers midi, un officier vint prendre l'Européen pour le conduire au palais. En route, il le prévint que, comme c'était sa première entrevue officielle avec des membres de la famille royale, il convenait de leur présenter le *hasina* : c'est une offrande, habituellement d'un dollar, sans laquelle on n'approche pas les souverains. L'avenue conduisant à la porte du palais était encombrée de curieux ; deux officiers de rang supérieur, puis le prince et la princesse en palanquin découvert, vinrent à la rencontre de M. Ellis, qui offrit à celle-ci le *hasina*, puis prit sa place dans la procession, et on se mit en marche. Le but de la promenade était une maison de plaisance de feu Radama, appelée Mahazoarivo.

Le cortège ne tenait pas moins d'un mille et demi. Il s'ouvrait par une douzaine d'officiers montés sur des chevaux assez mal entretenus, mais vifs et vigoureux ; ensuite venaient quatorze palanquins, ornés de draperies de diverses couleurs, portant de hauts dignitaires et escortés des deux côtés par des cavaliers ; puis une troupe de dix-neuf musiciens, cinq clarinettes, cinq fifres, un basson, quatre cornes de buffalos, un petit tambour, un triangle, précédaient les palanquins du prince et de la princesse, auprès desquels marchaient plusieurs officiers, l'épée nue. Le grince était vêtu d'une espèce de cotte blanche ornée d'une plaque d'argent, et un large ruban de soie rouge et verte, terminé par une frange d'or, s'étalait sur sa poitrine, La princesse portait un vêtement bleu, de mode européenne, garni de velours violet, avec deux rangées de boutons d'or, un bonnet de satin œillet, orné de fleurs artificielles, un voile et une écharpe de dentelle. Son palanquin était ombragé d'une draperie écarlate, bordé de galons et de franges d'or, et à ses côtés marchaient un officier muni d'une large ombrelle de soie œillet surmontée d'une boule d'or et une douzaine de femmes esclaves drapées dans des *lambas* de coton bleu et blanc. Dans le palanquin suivant s'avançait une fille du prince Ramonja, jeune personne de seize ans adoptée par la princesse Rabodo, qui est fort affligée de n'avoir pas jusqu'ici d'enfants. Trois derniers palanquins portaient des serviteurs et des femmes du palais ; enfin venait la foule en habit de fête. Les officiers et leurs femmes étaient couverts de joyaux et de chaînes d'or auxquelles étaient suspendues ces petites boîtes à tabac dont il a été question à Tamatave. La plupart d'entre eux avaient eu le bon esprit de ne pas revêtir leurs uniformes, et portaient le costume national : pantalons écarlates et *lamba* blanc, bordé de cinq larges bandes de couleur. Le cortège fit halte à quelque cent mètres du palais, au balcon duquel apparaissaient, sous un grand voile écarlate, quelques figures. C'était la reine, entourée des gens du palais, qui daignait se montrer : elle fut accueillie par l'air national de Madagascar, que M. Ellis ne trouva pas désagréable. Ensuite on franchit les portes de la ville, et la longue procession se dirigea à travers la campagne. À son approche, les habitants des villages sortaient de leurs demeures, apportant les uns du riz, les autres du manioc, des fruits, des légumes, qu'ils déposaient aux pieds du prince, et que ses officiers ramassaient. C'est une offrande en nature qu'il est d'usage de présenter aux souverains sur leur passage. Enfin on atteignit Mahazoarivo. En passant sous la porte, chacun se découvrit. Cette habitation est un joli cottage bâti au bord d'une pièce d'eau, et entouré de bananiers et d'allées de vignes qui produisent, dit-on, de bons raisins. Le prince donna la main à la princesse pour descendre de son palanquin, mit le pied sur le seuil, et, se tournant, invita la compagnie à entrer. Des rafraîchissements, consistant en confitures, biscuits, fruits, avec des plats, des couteaux et des fourchettes d'argent, étaient disposés sur une table autour de laquelle on s'assit. La princesse Rabodo est une belle femme, à peu près de la taille de son mari, et de quelques années plus âgée que lui. Ses traits sont réguliers, un peu lourds ; sa physionomie respire une grande bienveillance. Elle tenait son mouchoir à la main, comme une Parisienne dans son salon. Le missionnaire prit place à côté d'elle, et elle se plut à l'entretenir avec beaucoup d'affabilité de la reine

Victoria, du prince Albert, de leurs enfants. Elle apprit avec intérêt le mariage projeté entre la princesse royale et l'héritier de Prusse. Elle demanda si la reine dansait dans son palais, et si M. Ellis lui-même avait l'habitude de danser. De son côté, le prince s'informa de la dernière guerre, de la quantité de troupes qui avaient été engagées, du nombre des morts ; il s'enquit des chances de durée que pouvait avoir la paix ; puis la musique entonna le *God save the Queen*, le *Rule Britannia* et le *Grenadier's March*. La collation achevée, on se leva pour faire un tour de promenade dans le jardin. Le prince accompagnait la princesse, le secrétaire de la reine donna le bras à la fille du prince Ramonja, et M. Ellis offrit le sien à une des *ladies* de la reine, belle femme richement vêtue. La fête se termina par des danses ; on causa encore de la France, de l'Italie, de l'Allemagne ; puis le prince reconduisit avec beaucoup de courtoisie la princesse à son palanquin, et remonta dans le sien.

Ces visites royales et ces fêtes n'étaient que le prélude de l'entrevue dont le voyageur allait être honoré par la reine. Quand celle-ci jugea qu'elle était restée aussi longtemps invisible que le comportait sa dignité, elle fit prévenir officieusement M. Ellis, par un de ses amis hovas, de se préparer, dans la journée du 5 septembre, à paraître devant elle, de revêtir par conséquent son costume de cérémonie, et de se munir d'un souverain et d'un dollar. M. Ellis mit son habit noir ; mais l'ami chargé de servir d'intermédiaire ne le trouva pas assez bien vêtu. Vainement le missionnaire objecta que c'était en Europe le costume de cérémonie, l'autre demanda à voir sa garde-robe, et y découvrant une belle robe de chambre vert et pourpre, il le força à s'en revêtir. Quelques instants après arriva le billet suivant : « *Sir*, veuillez suivre le porteur de ce mot ; vous allez avoir une audience de sa majesté. » Le missionnaire, drapé dans sa robe somptueuse, monta en palanquin, mit pied à terre au premier poste des gardes de la reine, d'où un officier se détacha pour l'annoncer ; puis il pénétra par une porte cintrée dans une large cour, bordée de trois côtés par une ligne de soldats, et dans laquelle la reine, environnée des membres de sa famille et de ses officiers, se tenait assise au premier étage de son palais, sous le balcon de sa véranda. À la vue de la souveraine, le missionnaire et ses guides, s'arrêtant, fléchirent le genou et prononcèrent le salut d'usage : *Tsara, tsara, tompoko* ! ce qui veut dire : c'est bien, c'est bien, souveraine ! Se tournant vers l'orient, ils firent ensuite une génuflexion devant le tombeau de Radama, petit édifice carré, en pierre, construit dans un coin de la cour, puis ils se dirigèrent vers les places qui leur étaient assignées.

Il y avait alors à Atanarive trois résidents français : M. Laborde, qui y continue les traditions de M. de Lastelle ; son fils, jeune homme de vingt ans, qui, après avoir été faire ses études en France, est venu retrouver son père à Madagascar, et un prêtre catholique, M. Fenez-Hervier, qui a obtenu de la reine l'autorisation de séjourner dans la capitale. M. Laborde et le prêtre avaient été invités à assister à la présentation, et ils se tenaient, le premier couvert d'un riche costume arabe, le second en vêtement de soie brodée, près de la place assignée au missionnaire anglais. Celui-ci était en outre entouré d'interprètes qui, après quelques avis préalables relatifs à l'étiquette, lui dirent qu'il avait la parole et l'engagèrent à parler haut. M. Ellis remercia la reine de lui avoir fait l'honneur de l'admettre en sa présence, et, après l'échange des premiers compliments, demanda la permission de lui transmettre son *hasina* ; en même temps il remit le souverain dont il s'était muni à un officier. La reine daigna remercier par un léger signe de tête. Ensuite le missionnaire, reprenant son discours, rappela la vieille amitié de George IV et du roi Radama, et affirma que l'Angleterre n'avait jamais changé dans ses sentiments d'affection pour Madagascar, que le ministre de sa majesté Victoria, lord Clarendon, l'avait chargé de dire à la reine qu'il ne cessait d'entretenir à son égard des intentions amicales et de porter un vif intérêt à la prospérité de son règne.

Un murmure approbateur de l'assemblée accueillit ces paroles, traduites par un interprète. La reine, se tournant vers son fils Rakotond et son neveu, le prince Rambosoalama, les entretint avec beaucoup d'animation, puis elle adressa la parole à un homme de grande taille, à tête grise, qui remplissait auprès d'elle les fonctions d'orateur, car l'étiquette exige qu'elle n'adresse directement la parole qu'à certains personnages. Celui-ci fit savoir que la reine accueillait ces témoignages d'amitié avec bienveillance, ne regardait comme ennemie aucune des nations d'outre-mer, et désirait rester en paix avec la France et l'Angleterre. Après l'échange de ces protestations amicales, le ministre principal prévint le visiteur qu'il était temps de se retirer. M. Ellis s'inclina devant la reine, puis devant le tombeau de Radama, et repartit au bruit des airs nationaux, accompagné des officiers qui l'avaient amené.

Durant cette entrevue, placé dans la cour, vis-à-vis du palais, au premier étage duquel la reine se tenait sur son balcon, M. Ellis eut tout le loisir d'examiner la fameuse Ranavalo-Mangika. C'était alors une femme de soixante-huit ans, vigoureuse, au visage énergique, le front bien fait, les traits réguliers, rien de désagréable dans la physionomie, avec un grand air de commandement. Elle était placée sous un dais écarlate et portait une couronne faite de bandes d'or, ornée d'une dent de crocodile, et avait autour du cou une dentelle d'or. Son vêtement, d'une grande simplicité, consistait dans le *lamba* national en satin blanc. Quatre-vingts ou cent personnes l'environnaient ; mais son fils, les princes et son orateur avaient seuls le privilège de lui adresser la parole.

Le lendemain, M. Ellis fut invité à un dîner donné au nom de la reine par un de ses ministres, mais auquel sa majesté n'assistait pas. Le service en argenterie et en porcelaines fabriquées dans le pays, à l'imitation de celles de France et d'Angleterre, était très complet ; quantité de mets européens, de confitures, de pâtisseries, y figuraient, et l'on porta des toasts à la reine et à tous les souverains d'Europe. Un combat de taureaux devait avoir lieu ensuite dans une des cours du palais ; le missionnaire refusa d'y assister. Quelques jours après eut lieu la remise des présents. M. Ellis fut prévenu de ne pas parler du télégraphe électrique, la reine ayant déjà déclaré à un de ses résidents français ne pas vouloir faire usage de cette invention. Le reste fut favorablement reçu ; c'étaient des étoffes, des bijoux, divers produits de l'industrie anglaise, et les portraits dans des cadres dorés de la reine Victoria et du prince Albert. En retour, le voyageur reçut des bœufs et plusieurs riches *lambas* de soie. Plusieurs fêtes lui furent encore données, et il eut l'honneur d'assister en présence de la reine à des danses sakalaves et européennes. Toutefois, malgré la faveur avec laquelle il était traité, ce fut en vain qu'il témoigna le désir de prolonger son séjour, pour ne pas regagner la contrée basse dans la saison des fièvres, après les pluies d'août et de septembre. La préoccupation constante de la cour d'Atanarive en ce moment était, malgré les assurances contraires données par le missionnaire, la crainte d'une attaque de la part de la France et de l'Angleterre, il était question de cette éventualité dans tous les entretiens des membres de la famille royale, et la princesse Rabodo disait un jour à cette occasion : « Nous ne sommes pas des rebelles ou des usurpateurs, nous sommes les descendants des anciens possesseurs de cette terre ; pourquoi ne nous laisserait-on pas en paix ? »

Conformément aux ordres de la reine, le voyageur dut donc quitter Atanarive, et ce fut au grand regret des nombreux amis qu'il s'était faits par son empressement à soigner de son mieux les malades, à mettre à leur disposition sa petite pharmacie et à manœuvrer son appareil photographique. Plusieurs d'entre eux l'accompagnèrent à une assez grande distance, et le prince lui-même voulut le conduire jusqu'au bas du plateau d'Atanarive. Ce fut le 26 septembre que M. Ellis quitta cette ville, où il avait trouvé une population aisée, intelligente, beaucoup plus policée qu'on ne le croit en Europe et que lui-même ne l'avait pensé d'abord. Dans son chemin vers Tamatave, il rencontra plusieurs étrangers qui se rendaient à la capitale : un commerçant français, M. Soumagne ; un autre de nos compatriotes, médecin à

Bourbon, mandé pour la cour, et qu'accompagnaient comme aide et comme pharmacien M. l'abbé Jouan, supérieur du collège des jésuites de Bourbon, et M. l'abbé Weber. Notre voyageur s'empressa de franchir la région des marécages et des fièvres ; un petit bâtiment qui se trouvait à Tamatave l'emmena à Maurice, et au mois de mars 1857 il revit l'Angleterre.

V

M. Ellis vient de nous montrer sous un aspect nouveau ces Malgaches, que de précédents voyageurs dépeignaient uniquement comme des sauvages cruels et farouches ; il ne s'est pas borné à jeter un regard furtif le long des côtes, jugeant, ainsi que tant d'autres l'ont fait, tout un peuple d'après quelques individus dégradés par le contact extérieur et abrutis par l'ivresse : il nous a transportés au centre même de l'île, dans une société encore inculte et même quelquefois grossière, mais organisée, disciplinaire, douée d'intelligence et de curiosité. Quel sort prochain est réservé aux hommes qui la composent ? Dans le débordement des peuples de l'Europe, au milieu du vaste travail de colonisation et de conquêtes qui s'accomplit de nos jours depuis le centre de l'Afrique jusqu'aux plus lointains archipels de l'Océanie, réussiront-ils à préserver leur île de notre invasion, à échapper au contact mortel qui tue en ce moment les races de l'Australie, qui fait disparaître avec une si étonnante rapidité les beaux sauvages des Sandwich et de la Nouvelle-Zélande ? Les généraux qu'invoquait Radama, *Hazo* et *Tazo*, forêt et fièvre, la politique sagement méfiante de Ranavalo, sauront-ils prévaloir contre les ardeurs de la convoitise européenne ? Telles sont les questions qui se présentent naturellement à l'esprit au sortir d'Atanarive, et ce n'est pas un spectacle dépourvu d'émotions que ce dernier duel du sauvage qui demande à vivre contre l'homme civilisé revendiquant le sol et ses produits au nom de la supériorité de son industrie et de son intelligence. Madagascar semble menacée à la fois de deux côtés : par la France et par l'Angleterre. La France se prévaut de droits antérieurs à ceux de toutes les autres nations, et notre pavillon, installé tout autour de l'île, à Bourbon, à Sainte-Marie, à Mayotte, à Nossi-Bé, paraît attendre le moment de s'y planter de nouveau, car le nom de la grande île africaine a eu le privilège de survivre chez nous au naufrage de notre prospérité coloniale et d'y rester populaire. On demande donc que nous installions sur ce territoire, grand comme la France, une large colonisation pour faire concurrence à l'Inde anglaise : la latitude est la même des deux côtés de l'équateur. On trouve en abondance sur cette terre féconde la soie, le coton, le fer, et on peut y cultiver tous les riches produits des tropiques. Enfin on propose d'envoyer sur ces rivages, non plus le rebut de nos populations, mais des colons actifs, industrieux et bien préparés. Tout cela est fort judicieux, mais on semble oublier que pour coloniser il faut des bras, et il est probable que, parmi les plus chaleureux approbateurs d'un tel système, on n'en trouverait guère qui fussent disposés à réunir un capital de quelque valeur, comme le font aujourd'hui tous les émigrants sérieux de l'Australie et de la Nouvelle-Zélande, et à transporter leur activité, leurs intérêts, leurs affections sur un sol lointain. La France a perdu depuis près d'un siècle ses habitudes colonisatrices, et ne semble aucunement disposée à les reprendre ; c'est un fait que l'on peut envisager avec tristesse, mais il n'est que trop constaté par le petit nombre d'émigrants français qui ont consenti à s'établir en Algérie, aux portes de la métropole. Aussi trouvera-t-on chez nous beaucoup d'écrivains empressés à signaler les avantages de la colonisation de Madagascar, à prêcher l'extermination des Hovas et l'affranchissement des Sakalaves, à discuter, même sans trop connaître le chemin, les étapes qui doivent, par une série de marches victorieuses, nous mener dans Atanarive, mais peu d'hommes disposés à suivre cette impulsion.

L'Angleterre est beaucoup moins bruyante, et cependant plus redoutable. Ce qu'elle veut à Madagascar, la relation du révérend Ellis nous l'indique suffisamment, c'est acquérir de l'influence sur l'esprit du souverain et s'en rendre maître, exercer une action analogue à celle des Américains aux îles Sandwich, en un mot établir l'ordre de choses que traduit ce mot protectorat, dont le prince royal cherchait à se faire expliquer le sens. Si les intérêts du commerce de l'Angleterre étaient le seul point à envisager dans cette question, on pourrait faire des vœux pour la réussite de cette politique ; mais il faut aussi voir de quel profit elle serait à la race indigène. On lui portera le christianisme, des lois plus judicieuses, nos modernes inventions, et Atanarive, initiée, comme Honolulu, aux avantages d'un régime libéral, aura ses journaux et ses assemblées délibérantes. Par malheur, l'exemple des Sandwich démontre qu'au milieu de ces innovations le sauvage dépérit au lieu de s'élever à notre niveau, et la raison en est fort simple : il y a dans la vie des nations aussi bien que dans celle des hommes des périodes de transition qu'on ne peut supprimer, et, pas plus qu'un individu, un peuple ne saurait passer subitement de l'état d'enfance à celui de virilité ; les institutions libérales sont donc prématurées pour le sauvage, qui n'en est encore qu'aux rudiments de la vie sociale. Les étrangers lui apporteront les complications de leurs querelles et de leurs intrigues. Sous prétexte de l'instruire et de le protéger, ils en feront l'instrument de leurs intérêts et de leurs passions. Ce n'est jamais à son profit que nos inventions, transportées chez lui, fonctionnent, et, quelles que soient son intelligence et sa bonne volonté, il est jeté sans armes, en face des nations de l'Europe et de l'Amérique, dans les bruyantes mêlées du commerce et de l'industrie.

Telles sont les circonstances qui ont fatalement frappé de mort les indigènes de l'Océanie. Là même, comme par dérision de la justice, des traités ont consacré la spoliation. Les *settlers* et les *squatters* sont venus, des actes de vente à la main, chasser, comme des bêtes malfaisantes, de la terre qu'ils tenaient en héritage de leurs ancêtres, ceux des sauvages qui avaient pu survivre aux maladies, à l'abus des liqueurs, au brusque changement d'existence et de milieu. Quel profond sentiment de haine et de révolte impuissante contre l'injustice doit s'emparer de ces pauvres hommes, traqués, détruits au nom de ce qu'ils entendent nommer la civilisation ! C'est alors que le christianisme pourrait leur être utile pour leur enseigner la résignation, le pardon des injures, et pour leur apprendre à mourir. Quant à leur enseigner plus, nous avons déjà dit qu'il ne le peut pas, à cause même de l'élévation de son caractère : les ministres de l'Évangile ne sauraient donner à leurs disciples les moyens de lutter avec les trafiquants anglais ou américains. Cette éducation est de celles qui résultent du développement graduel et normal des besoins et des facultés, et il n'est au pouvoir d'aucune force humaine de la conférer brusquement. Le christianisme en peut devenir le complément moral, il n'en saurait être la base et le principal élément.

Au milieu de circonstances si défavorables à des races entières et quand des milliers d'êtres humains s'éteignent sans postérité chaque jour, ce n'est pas sans intérêt que l'on voit une de ces familles, plus prudente et mieux favorisée, opposer quelque résistance à nos terribles invasions. La société malgache a d'ailleurs plus d'un titre à notre compassion et même à nos sympathies : non-seulement elle est intelligente et curieuse, mais de plus elle a eu le bonheur d'échapper à l'islamisme ; la polygamie, bien que tolérée en principe, n'y a pas prévalu ; elle n'a pas de harems, et se montre sur tous les points bien supérieure au Ouâday, au Baghirmi, au Bornou, à toutes les sociétés que nous avons vues dans le Soudan. Les femmes y sont traitées avec des égards que l'on ne s'attendrait pas à trouver sur la terre malgache ; les attentions du prince royal pour sa femme, son respect pour sa mère, la tolérance même avec laquelle la farouche Ranavalo laissait son fils témoigner ses prédilections pour le christianisme, sont autant de traits remarquables qui indiquent des instincts de dignité et d'élévation. L'imitation de l'Europe n'est pas tombée non plus dans une grossière parodie, et il y a là une société encore enfantine, mais non pervertie, chez laquelle le temps, si on le laisse faire, pourra accomplir son œuvre aussi bien qu'il l'a fait ailleurs. Un jour, dans un de ses entretiens avec le prince royal, M. Ellis lui disait que l'Angleterre fut jadis moins civilisée que ne l'est aujourd'hui Madagascar, et que c'était graduellement, dans une longue série de siècles et à travers de laborieuses vicissitudes qu'elle était montée au rang qu'elle occupe aujourd'hui. Le missionnaire avait raison : il y eut un temps, qui n'est pas bien éloigné, où cette Europe si fière de sa civilisation était inculte et grossière. Il suffit de se reporter à douze siècles en arrière dans notre propre histoire, au temps où les Germains se partageaient les lambeaux de l'empire, et abaissaient la civilisation de Rome au niveau de leur barbarie. Ces hommes cependant sont nos ancêtres, et c'est le temps qui les a graduellement relevés. De tels exemples devraient nous rendre plus indulgents et plus patients à l'égard des pauvres sauvages, surtout quand ils témoignent à la fois de l'intelligence et de la bonne volonté.

Ranavalo est la femme des circonstances ; elle a eu, comme par intuition, le sentiment de la politique qui convient à Madagascar. Radama avait plus d'aménité, plus de penchant vers l'Europe ; c'est lui qui a aboli la traite : il a imposé des lois de tempérance, et il accueillait avec une grande faveur les inspirations du dehors ; mais là même était le danger : il allait se jeter sans défiance dans les bras de maîtres qui font payer chèrement leurs leçons. Le futur héritier, Rakotond-Radama, si, d'après M. Ellis, nous avons bien saisi les traits de son caractère, peut inspirer les mêmes craintes Et que l'on ne pense pas qu'en excluant les étrangers, Ranavalo puisse fermer son île à de salutaires influences de développement intellectuel et d'amélioration sociale. La civilisation, ainsi comprise, se répand avec une force irrésistible, et va par un courant régulier, comme le *gulf stream*, chauffer les

183

plus lointains rivages ; mais il faudrait qu'elle y pût pénétrer graduellement, et en se mettant pour ainsi dire à la température de l'atmosphère environnante. Ranavalo ne le voulût-elle pas, ses procédés, ses avantages s'infiltrent lentement autour d'elle, et à ce travail la France prend une part utile et retrouve son rôle civilisateur mieux que si elle envoyait ses vaisseaux de guerre. Elle n'agit pas collectivement, mais quelques-uns de ses enfants travaillent pour elle : c'est ainsi que le jour où M. de Lastelle entrait dans Marseille avec une cargaison amenée de Tamatave et remportait nos produits jusque dans Atanarive, il faisait plus pour les relations de la France et de l'île africaine qu'une expédition militaire. Sans doute les marchands et les aventuriers, qui jettent des regards de convoitise partout où il y a une terre à conquérir et de l'argent à gagner, trouveront ce procédé lent et peu profitable ; ils lui préféreraient la conquête expéditive, qui, après la Tasmanie, dépeuple la Nouvelle-Zélande ; mais ils ont assez abusé, pour leurs satisfactions égoïstes, des mots progrès et civilisation, nous avons mieux en ce moment à envisager que les intérêts de leur trafic : il s'agit du salut de la race humaine qui possède Madagascar.